文史哲學集成

北京大學 張健著

王士禛論詩絕句三十二首箋證

文史哲出版社印行

國立中央圖書館出版品預行編目資料

王士禛論詩絶句三十二首箋證 / 張健著. -- 初版. -- 臺北市 : 文史哲, 民83
面 ; 公分. -- (文史哲學集成 ; 312)
ISBN 957-547-863-0(平裝)

1. (清) 王士禛 - 學術思想 - 中國詩 2. 中國詩 - 清(1644-1912) - 評論

821.87 83002940

(312) 文史哲學集成

王士禛論詩絕句三十二首箋證

著者：張健
出版者：文史哲出版社
登記證字號：行政院新聞局局版臺業字五三三七號
發行人：彭正雄
發行所：文史哲出版社
印刷者：文史哲出版社
台北市羅斯福路一段七十二巷四號
郵撥〇五一二八八一二彭正雄帳戶
電話：三五一一〇二八

實價新台幣三四〇元

中華民國八十三年四月初版

ISBN 957-547-863-0

王士禛《論詩絕句》三十二首箋證序

當一九九〇年初，瑞雪紛飛，萬山白頭之時，我正受困於北京圖書館和北海分館訪書事，經北大張少康教授的安排，得晤張健賢弟於奧林匹克大飯店。當時他在北大進修博士學位，身材高眺，清癯有神，加上一口標準的京音，不疾不徐的態度，儒雅親和，給我留下深刻的印象。

九二年八月，我赴吉林長春參加「選學」會議後，路過北京，偕內子往遊京畿名勝，午後，陰雲四合，細雨如絲，不意，在定陵附近的餐廳裡，又和健弟不期而遇。

今年七月底，我從內蒙古呼和浩特來北京，健弟迎我於首都機場。事後，我們在候機室二樓咖啡座稍憩，面對眼前櫛比鱗次的高樓，熙來攘往的過客，品茗之餘，不禁聯想到當前的兩岸統一問題、文化問題、教師待遇問題，以及知識份子的出路問題，只見他時而扼腕，時而感慨，低迴古今，胸懷萬端，一股剛毅之氣，直撲眉宇，士窮乃見節義，我於健弟處體會到當前中國知識份子應該秉持的願力，而衷心佩慰！

兩年前，健弟將手著《王士禛「論詩絕句」三十二首箋證》書稿，自北京交郵寄我，希望在臺灣鑄版發行，以饗同好。此書雖非皇皇巨典，但根據我的了解，他確是以獅子搏兔的精神，把漁洋山人早期詩論，經過苦心孤詣地參悟後，分由內容、思想、藝術等方面，深究博考，發微闡幽，拓衢路，示門徑，務期一代詩歌創作以「神韻」爲宗的理論眞象，撥雲霧而見青天。

有眞性情而後有眞文章，以健弟的才華和學力，及其對歷代詩論投注的關懷，相信即令沒有我的推介，他這部大作也一定會洛陽紙貴，受到廣大同好們的熱愛。我因爲欽敬他治學的精神和做人的風骨，纔特別藉著寫這篇書序的機會，縷陳我們忘年交好的始末和感想，並爲讀此書者告。

王更生序於一九九三年十二月十二日臺灣師範大學國文系研究室

王士禛《論詩絕句》三十二首箋證目次

前言

王士禛（一六三四—一七一一），字子眞，一字貽上，號阮亭，又號漁洋山人，山東新城（今恒台）人，順治十二年進士，官至刑部尚書。謚文簡。死後因避雍正（胤禛）諱，改稱士正，乾隆間詔命改稱士禎。有《漁洋詩集》、《漁洋文略》、《帶經堂集》、《漁洋山人精華錄》等，論詩著作有《漁洋詩話》、《帶經堂詩話》（清人張宗柟輯）等，是清代前期一個具有廣泛影響的文學家。

一

《戲倣元遺山論詩絕句三十二首》，是王士禛前期的作品。作於康熙二年，王士禛三十歲時。王士禛《居易錄》云：「予康熙癸卯（二年）在揚州，一日雨行如皋道上，得《論詩絕句》四十首，蓋倣元裕之作。」但惠棟撰《漁洋山人年譜》繫之於康熙元年（壬寅），翁方綱《石洲詩話》卷八亦謂「此詩作於康熙元年壬寅之秋，先生年二十九歲」，與漁洋自述稍有出入。《論詩絕句》原稱四十首，編於康熙八年（一六六九）的王士禛早期作品集《漁洋集》中收錄此作，題爲《戲倣元遺山論詩絕句三十六首附猶子浣注》，實只有三十五首。而到實由王士禛自己選定的《漁洋山人精華錄》中僅錄三十二首，題爲《戲倣元遺山論詩絕句三十二首》，並刪啓浣注。

《論詩絕句》原曾單獨梓行。惠棟在《精華錄訓纂採用山人書目》中有《論詩絕句》一欄，注云：「陳士業序，猶子淨名注。」按王士禛《精華錄》卷六有《金陵輓陳士業先生兼寄伯璣三首》，其一云：「昨朝揚子縣，遠寄豫章書。五字詩殊妙，三都序不如。人來青溪曲，葉下白門初。再有西江信，眞成腹痛余。」漁洋於「三都序不如」一句下注曰：「士業序予《論詩絕句》，便成絕筆。」王啓浣，是王士禛長兄王士祿之子。王士禛《漁洋詩話》云：「余往如臯，馬上成《論詩絕句》四十首。從子淨名（啓浣）作注，人謂不滅向秀之注《莊》。後不三十夭卒。」然翁方綱《石洲詩話》卷八曰：「其謂從子某作注者，或即先生自注，猶夫《精華錄》，或云託名門人手也。」王漁洋《精華錄》雖謂是門人所編，但實是其自己選定，翁方綱認爲《論詩絕句》之注或也是自己所爲而託名他人，但未下斷語。

王士禛《論詩絕句》，惠棟《漁洋山人精華錄訓纂》、金榮《漁洋山人精華錄箋注》有注釋，宗廷輔《古今論詩絕句》亦就其內容略有注評，而翁方綱《石洲詩話》卷八則主要是評論。

二

《石洲詩話》云：「此詩（指王士禛《論詩絕句》）……與遺山之作，皆在少壯。然二先生一生識力，皆具於此，未可僅以少作目之。」王士禛《論詩絶句》對從漢魏到清初的一系列重要作家都作了評論，可以看作是王士禛的詩歌史論。

那麼，王士禛是怎樣研究詩歌史的？這就涉及到王漁洋研究詩歌史的方法問題。王士禛說：「爲詩要窮源溯流。先辨諸家之派，如：何者爲曹、劉，何者爲沈、宋，何者爲陶、謝，何者爲王、孟，何者爲高、岑，何者爲李、杜，何者爲錢、劉，何者爲元、白，何者爲昌黎，何者爲大曆十才子，何者爲賈、孟，何者爲溫、李，何者爲唐，何者爲北宋，何者爲南宋？析入毫芒，學焉而得其性之所近。不然，胡引亂竄，必入魔道。」（《然鐙紀聞》）王士禛所謂窮源溯流，是指對風格的辨析，即所謂辨體。

辨體的方法雖源遠流長，但以辨體著稱的卻首先要推宋代嚴羽。嚴羽《答吳景仙書》謂：「作詩正須辨盡諸家體製，然後不爲旁門所惑」，並自稱「於古今體製，若辨蒼素，甚者望而知之。」嚴羽辨體的角度主要有兩個，一是以時而論，如建安體、黃初體等，辨的是時代風格；再是以人而論，如蘇李體、孟浩然體，辨的是作家風格。嚴羽辨體的目的是要樹立正體，以漢魏盛唐之詩爲人們學習的典範。

辨體方法較早運用到選詩上的是元代楊士弘的《唐音》。楊士弘把唐詩分成始音、正音、遺響，而正音中又以體分。至明初高棅的《唐詩品彙》則先將全唐詩以體裁劃分爲五古、七古等，再在各種體裁中分立正始、正宗、大家、名家、羽翼、接武、正變、餘響、傍流九格，而大致以初唐爲正始，盛唐爲正宗、爲大家、爲名家、爲羽翼，中唐爲接武，晚唐爲正變、餘響，方外爲傍流，其中也有非盛唐時期的詩人不以時代論而被列爲正宗。

從嚴羽到高棅，辨體的方法有了發展。這種發展表現在雖都是辨別風格，但考察的視角發生了變化。在嚴羽，是以作家、時代作爲考察的著眼點；在高棅，則是以詩體作爲著眼點。以作家爲著眼點考察的是一作家區別於他作家的總的特徵，這種特徵是從該作家各種不同體裁（如七古、五古、樂府等）的作品中抽象出來的，是跨體裁的，其考察時代風格也是跨體裁的。而以體裁爲著眼點則首先要分體。著眼於詩體考察作家就是把作家的作品按體裁分爲不同的類別，然後分別進行考察。著眼於詩體考察時代風格，考察的是某一體裁在某一時代的總的區別特徵，如此就可以見出這種體裁的風格的流變。而其所確立的正宗乃是各種詩體的典範。辨體方法的這種發展變化，一方面表現出風格辨析的更加細緻、深入，另一方面也表現出人們越來越注意不同詩體之間的審美特徵的差異。

辨體的方法對前後七子等復古派產生了極大影響。胡應麟《詩藪》云：「曰風、曰雅、曰頌，三代之音也。曰歌、曰行、曰吟、曰操、曰辭、曰曲、曰謠、曰諺，兩漢之音也。曰律、曰排律、曰絕句，唐人之音也。詩至於唐而格備，至於絕而體窮。故宋人不得不變而之詞，元人不得不變而之曲、詞勝而詩亡矣，曲勝而詞亦亡矣，明不致工於作，而致工於述；不求多於專門，而求多於具體，所以度越元、宋、苞綜漢唐也。」（內編卷一）這代表了明代前後七子復古派對詩歌發展的認識。認爲詩歌到唐已體窮格備，沒有發展的可能。宋元詞曲是不得已而變爲之，但卻也由此而詩亡。明代要度越元宋而上接漢唐，其途徑只能是述，而非作也。要述，就須從各種具體的詩體入手，確立各種詩體的學習典範，這就需要辨體的功夫。要對各種詩體在不同時代中的發展流變作認眞的考察，確立其正宗。李夢陽提出古詩法漢魏、近體學盛唐，何景明以爲歌行、近體當學李、杜及初盛唐諸人，古體則應學漢魏，都是通過辨體確立的學習典範。胡應麟《詩藪》是以辨體的方法研究詩歌史的，許學夷《詩源辯體》一書也是如此。那麼，確立各種詩體之正宗的依據是什麼？這就建立在主體對各種詩體所應具有的審美特徵的理解基礎之上。比如在李夢陽看來，漢魏古詩最能代表古詩這種詩體的審美特徵，因而可作後人創作古詩的典範。辨體的方法到晚明已被運用到詩歌研究與批評以及選詩，而這些都是爲了指導創作實踐。總之，復古派從理論到創作實踐都是以辨體爲其方法論基礎的。

辨體的方法也對王士禛的詩歌史研究與批評產生了深刻影響。《池北偶談》云：「作古詩，須先辨體。無論兩漢難至，苦心摹倣，時隔一塵，即爲建安，不可墮落六朝一語。爲三謝，不可雜入唐音。小詩欲作王（維）、韋（應物），長篇欲作老杜，便應全用其體，不可虎頭蛇尾。此王敬美論五言古詩法。予向語同人，譬如衣服，錦則全體皆錦，布則全體皆布，無半錦半布之理，即敬美此意。又嘗論五言，感興宜阮（籍）、陳（子昂），山水閒適宜王、韋，亂離行役、鋪張敘述宜老杜，未可限以一格，亦與敬美旨同。」王士禛稱引王敬美（王世懋）辨體之語，可見其承繼之關係。作古詩須先辨體，辨體要靠創作前的研究。以五言古詩爲例，兩漢與建安不同，六朝也與唐代互異，這乃是辨時代風格之差異。王漁洋把辨體的方法擴展到詩歌的內容或題材上，認爲不同類型的題材或內容也應有不同的風格，而一個作家往往擅長於某種題材或內容，這樣不同的題材或內容就要取法不同的作家。《然鐙紀聞》記其語云：「爲詩各有體格，不可混一。如說田園之樂，自是陶、韋、摩詰；說山水之勝，自是二謝，若道一種難苦流離之狀，自然老杜。不可云我學某一家，則無論那一等題，只用此一家風味也。」上文引漁洋辨諸家之派之說，謂要辨明何者爲王孟、李杜云云，其實已與嚴羽辨體之說有所不同。漁洋辨諸家之派，已包括對不同體裁風格的辨析。王士禛有五、七言古詩選，這是其辨體方法的具體運用，其對作家作品的研究與評論也是以辨體爲其方法論基礎的，而這些在他的創作中也得到了實踐。弄清王漁洋詩歌研究及批評的方法，對於了解王士禛的《論詩絕句》以至其整個詩歌史觀是至爲重要的。

三

王漁洋《論詩絕句》中，「巾角彈棋妙五官」、「挂席名山都未逢」、「風懷澄澹推韋柳」等都是評論五言古詩，我們須將這些評論與王漁洋《論詩絕句》以外的有關評論結合起來看，才能見出其關於五古的整體觀點。

漁洋對五言古詩這一樣式頗爲重視，嘗有《五言詩選》。漁洋首先對樂府五言與五言古詩加以區分，認爲「樂府別是聲調體裁，與古詩迥別。」（《五言詩凡例》）這一點與蕭統《文選》大致相同（只是王士禛收入《孔雀東南飛》等幾篇），而與後來的沈德潛選編《古詩源》不同，《古詩源》是在古詩中區別古詩體與樂府體。

王漁洋在五古這一體裁內部所作的一個重要的劃分就是古調與唐調的區分。這一區分並不起源漁洋，而是起源明代的李攀龍。李攀龍有《古今詩刪》，該書卷十《選唐詩序》云：「唐無五言古詩，而有其古詩，陳子昂以其古詩爲古詩，弗取也。」這種觀點實是將漢魏六朝五言古詩（即所謂「選體」）與唐代的五言古詩作了劃分，這種劃分乃是以風格爲著眼點對五言古詩所作的歷史時期的劃分。漢魏六朝之五言古詩確實與唐代具有不同的面貌，這是事實。但是李攀龍卻對二者作了正變的區分，以漢魏六朝這一歷史時期的風格作爲審美範式，作爲正體，並以之衡唐之五古，認爲唐代沒有眞正意義上的五古。正是基於這種觀點，李攀龍提出古詩學漢魏，並在創作中實踐了這種主張。但李攀龍在創作實踐上基本上是失敗的，其擬古詩未免模擬太甚，以至有剿襲之嫌。當時胡應麟已有異議，到公安派及後來的錢謙益更是極力抨擊。但王士禛卻爲李攀龍之論作了辯護：「滄溟先生論五言，謂：『唐無五言古詩，而有其古詩。』此定論也。常熟錢氏但截取上一句，以爲滄溟罪案，滄溟不受也。要之，唐五言古固多妙緒，較諸《十九首》，陳思、陶、謝，自然區別。」（《師友詩傳錄》）如前所說，李攀龍所陳述的事實是有依據的、正確的，但關鍵在於李攀龍在這種區分中包含有價值判斷在內，王漁洋贊同李攀龍的這種劃分，並以這種劃分作爲其《五言詩選》的基礎。

漢魏六朝的古詩，漁洋分爲三個階段：「劉勰所謂『結體散文，直而不野』，漢人之作，敻不可追；『慷慨磊落，清峻遙深』，魏晉作者，抑其次也；『極貌寫物，窮力追新』，宋初以還，文勝而質衰矣。」（《漁洋文》，《帶經堂詩話》卷一）漁洋推《古詩十九首》爲五言之最高典範，以爲不可模倣；其於魏推曹植、阮籍，於西晉推左思、劉琨、郭璞，東晉推陶淵明；於宋推謝靈運、鮑照，齊推謝朓，而梁則推江淹、何遜。漁洋的品次與鍾嶸《詩品》已有很大差異。推尊《古詩十九首》、曹植爲其所同，但漁洋卻貶斥被《詩品》列爲上品的劉楨、王粲、陸機、潘岳，而將被《詩品》列爲中品的劉琨、郭璞、陶淵明、鮑照、謝朓、江淹，下品的曹操都推爲上品。後來沈德潛《古詩源》稱漁洋「抒文載實，極工裁擇」，其對這一時期詩人的品次基本與漁洋相同。

王士禛於唐代五古僅選五人之作，即陳子昂、張九齡、李白、韋應物、柳宗元。其《五言詩凡例》云：「唐五言古詩凡數變，約而舉之：奪魏晉之風骨，變梁陳之俳優，陳伯玉之力最大，曲江公繼之，太白又繼之；《感寓》、《古風》諸篇，可追嗣宗《詠懷》、景陽《雜詩》。貞元、元和間，韋蘇州古澹、柳柳州峻潔。今輒取五家之作，附於漢、魏、六代作者之後」。王士禛於唐代只選以上五人，乃是因爲在漁洋看來，這五人之作獨於《選》體爲近。這也正是基於其對《選》體與唐調作出的區分。當然這較之李攀龍「唐無五言古詩」的觀點寬緩了一些。姜宸英序漁洋五七言古詩選云：「於唐僅得五人，曰：陳子昂、張九齡、李白、韋應物、柳宗元，蓋以齊梁陳隋之詩雖遠於古，尚不失爲古詩之餘派，唐賢風氣自爲畛域，成其爲唐人之詩而已，而五人者，其力足以存古詩於唐詩之中，則以其類合之，明其變而不失於古云爾。」此論頗得漁洋之意。

但是，漁洋對唐調的五言古詩並不輕視。其康熙二十七年五十五歲時所選的《唐賢三昧集》就頗選唐調之作，以王維爲之冠。漁洋對韋柳與王孟的不同劃分，清人趙文哲頗得其微旨，其《媕雅堂詩話》云：「王右丞無體不工，五言尤屬絕品，其佳處去六朝人已遠，而雋永超詣，全是一片妙悟，故王漁洋不入古詩選，而以冠三昧集。」又云：「韋蘇州（應物）與右丞同以微妙勝，而韋之設色微近六朝，字法句法，二家又有不同，要之并屬正宗，不可軒輊，漁洋之所以冠冕當代者，只於二家中獨有神契耳。」所論頗是。

王士禛於宋人五古未選一首，亦未置一辭，其於明則云：「明五言詩極爲揔雜。西涯之流，源本宋賢；李、何以來，具體漢魏；平心論之，互有得失，未造古人。獨高季迪、皇甫子安兄弟、薛君采、高子業、徐昌國、華子潛寥寥數公，窺見六代、三唐作者之意。」李東陽學宋人，當不受漁洋推崇，他又認爲漢魏詩不可能學得其精髓，陶淵明也不易學，而「六朝則二謝、鮑照、何遜，唐人則張曲江、韋蘇州數家，庶可宗法。」（《師友詩傳錄》）因而對李、何學漢魏，漁洋亦不以爲然。而對高啓等人學六代三唐，卻以爲能得其意。

王士禛對於五言古詩這一體裁所作的另一劃分是題材風格的劃分。《師友詩傳續錄》記其言云：「五七言有二體，田園邱壑，當學陶、韋，鋪敘感慨，當學杜子美《北征》等篇也。」而其《池北偶談》則云：「感興宜阮、陳，山水閒適宜王、韋，亂離行役、鋪張敘述宜老杜。」王士禛或是把五古分成兩類，或是三類，這都是根據詩歌所表現的題材或內容的性質作出的分類。每種類別都具有不同的風格，而每種風格都有自己的典範作家，但王士禛對這幾種風格並非等量齊觀，他最喜王韋爲代表的山水閒適詩，其次是阮陳的感興之作，而對杜甫爲代表、多敘述議論、表現亂離行役的作品實是持貶斥態度。漁洋固然曾說過「至于議論敘事，自別是一體」，但又云：「五言著議論不得，用才氣馳騁不得。」（《師友詩傳續錄》）可見其所謂別是一體，乃是一種變體。在漁洋看來，這一類詩歌是不符合五言古詩本身所應有的審美規範的。漁洋這些議論多是針對杜甫而發的，故其對杜甫的五古頗多指摘（參見「杜家箋傳太紛挐」一首箋）。

漁洋《論詩絕句》正體現了這種傾嚮。漁洋置阮籍、陳子昂感興詩不論，又置杜甫鋪敘感慨之五古不論（實際上其持批評態度），可見漁洋於五古實最愛山水詩，而山水田園一派又未論及六朝之陶淵明、謝靈運，其所專注者乃在唐代。王士禛推崇孟浩然《晚泊潯陽望香爐峰》一詩，把它作爲其神韻說的標本之一（《分甘餘話》），而這一首也正爲王維所喜愛，看來王士禛與王維、孟浩然的審美觀實在是相通的。「風懷澄澹推韋柳」一首雖對韋、柳作了高下的區分，但仍承認其在「風懷澄澹」上的共同性，這也與《五言詩選》視韋、柳爲一類的看法是一致的。

四

七言古詩也是王士禛十分重視的體裁之一。明代何景明在其《明月篇序》中對初唐四傑與杜甫的七言古詩作了比較，認爲：四子詩雖工富麗，去古遠甚（缺點），杜甫詩布詞沉著（優點）；四傑詩音節可歌（優點），而杜甫詩調失流轉（缺點）；四子詩托諸夫婦，有風人之遺意（優點），杜甫詩出於夫婦者常少，風人之意或缺（缺點）。由此，何景明認爲初唐四傑詩是七古之正體，杜甫之七古則是變體，因而初唐四傑高於杜甫。

對此，王士禛《論詩絕句》第二十一首云：「接跡風人《明月篇》，何郎妙悟本從天。王、楊、盧、駱當時體，莫逐刀圭誤後賢。」漁洋承認何景明倣初唐四子而作的《明月篇》「接跡風人」，是其妙悟詩道之所在，但認爲四子之作是「當時體」，並不可執以爲正體。漁洋有七言古詩之選，其選詩凡例中也承認初唐四傑之七古音節可歌，但認爲這些不能作爲判定七古之正變的標準。漁洋《七言詩選》於梁、陳、隋三代之作「均無取焉」，認爲其「氣不足以舉其辭」，對何景明所推爲七古正體的初唐四子詩也一篇未取，而僅取李嶠、宋之問、張說、王翰四人各一首，「以見六朝入唐源流之概」（《凡例》），《七言古詩選》亦爲漁洋五十歲時選定，可見漁洋對待初唐七古的態度前後是一貫的。

那麼，誰代表七言古詩的正體？漁洋對這個問題的看法前後是有變化的。據計東《改亭集》卷四《甯益賢詩集序》謂，王士禛在己亥、庚子間（順治十六、十七年，士禛二十六—二十七歲）以岑參爲七古正宗，這種看法到其作《論詩絕句》時已發生了變化。《論詩絕句》有一首云：「李杜光芒萬丈長，昌黎《石鼓》氣堂堂，吳萊蘇軾登廊廡，緩步崆峒獨擅場。」這首詩所論時跨數代，所著眼者乃在七言古詩，可謂是一部七古發展史論。七言古於唐代推李、杜、韓，這與其在《師友詩傳錄》中所論一致，云：「七言古若李太白、杜子美、韓退之三家，橫絕萬古。」於宋推蘇軾，這也與漁洋《七言詩選》一致。其《凡例》云：「文忠公七言長句之妙，自子美、退之後，一人而已。」其於元尊吳萊亦是如此。以李夢陽上接李、杜等大家，其對李夢陽之評價可謂高矣。翁方綱、宗廷輔以爲《精華錄》之削去此首，正是因爲漁洋晚年悟其過高評價李夢陽之非。但這首詩爲《漁洋集》所收，而此集編成於康熙八年，王士禛時年三十六歲，因此至少可以說，漁洋《論詩絕句》中關於七古的觀點一直持續到三十六歲。

《論詩絕句》何以未論及岑參？其《居易錄》謂岑七古「奇峭、多變調」，已道出其中緣故。《論詩絕句》以李、杜並列，但到其五十歲選七言古詩時，李白的地位則明顯降低了，而杜甫的地位突出了。漁洋《七言詩凡例》明謂「愚鈔諸家七言長句，大旨以杜爲宗，唐宋以來善學杜者則取之。」這一宗旨在其選目上也可以清楚地反映出來。王士禛將李白與王維、李頎、高適合爲一卷，而杜甫獨自一卷。

在王士禛的心目中，七言古詩有四種風格類型。其一，初唐體（包括梁、陳）；其二，王維、李頎、高適體；其三，岑參、李白體；其四，杜甫體。漁洋《七言詩凡例》以岑參爲「奇峭」，李白爲「豪放」，二者並不相類。但成於康熙四十年、漁洋六十八歲時的《居易錄》則謂：「李白、岑參二家，別出機杼，語羞雷同，亦稱奇特。」作於康熙四十四年至四十七年間的《漁洋詩話》亦云：「子美同時，又有李供奉、岑嘉州之枡闢經奇。」上已說過，《居易錄》已將岑參之奇峭視爲變調，則在漁洋心目中被漁洋看作與岑參同一風格的李白自然也被當作變調了。對於王士禛將李白與岑參並列，潘德輿《養一齋李杜詩話》中認爲不當。

漁洋七古以杜甫爲正宗的觀點持續到《居易錄》，到其作於七十一至七十二歲的《香祖筆記》中以杜甫爲宗的觀點也發生了變化。漁洋對高棅《唐詩品彙》七古以李白爲正宗，杜甫爲大家，王維、李頎、高適爲名家不滿，認爲王、李、高「皆當爲正宗，李杜均之爲大家，岑嘉州而下爲名家。」

王士禛論七古前後經歷了幾次變化。宗法岑參，則見其好奇峭；並推李、杜，嗜其才情縱橫；獨尊杜甫，則已偏其沉鬱頓挫；而終崇王、李、高適，又愛其整栗、雄放。這種變化也反映了王士禛一生中審美趣味的變化過程。

五

王士禛《論詩絕句》之九是一篇樂府詩專論：「草堂樂府擅驚奇，杜老哀時托興微。元白張王皆古意，不曾辛苦學妃豨。」王士禛此詩乃是針對模擬古樂府者而發。李攀龍模擬古樂府儘管受到胡應麟、錢謙益等人的非難，但其影響所及直到王士禛的時代。王士禛反對模擬古樂府，主張變，因而其對樂府發展史的考察乃主要著眼其變，肯定變的合理性。惟其如此，漁洋不僅對於李、杜，對元、白、張、王，即便對元代的楊維楨、明代的李東陽之樂府也都加以肯定，謂「元楊維楨、明李東陽各爲新樂府，古意寖遠，然皆不相蹈襲。」（師友詩傳續錄）

漁洋《論詩絕句》亦涉及近體詩問題。漁洋所肯定的七律實分爲兩類：一類以杜甫爲代表，一類以王維、李頎爲代表。這兩類詩代表了兩種不同的審美風格。許學夷《詩源辯體》云：「盛唐諸公，惟在興趣，故體多渾圓，語多活潑。若子美則以意爲主，以獨造爲宗，故體多嚴整，語多沉著耳。」（卷十九）其所謂盛唐諸公主要指王維、李頎諸人。漁洋在《論詩絕句》中對這兩類詩並未加軒輊。《論詩絕句》之八所論及的錢起、郎士元、劉長卿等詩人屬於王維、李頎一類，而第十一首所論李商隱則屬於學杜之一類。《然鐙紀聞》記漁洋語以爲七律當讀王右丞、李東川、劉文房、陸游，學而有得，然後取杜詩讀之，「譬如百川學海而至於海也，此是究竟歸宿處」，這裏實是把王、李等人七律看作達到杜詩的途徑，而把杜詩看作是七律之歸宿處，對杜甫的評價高於王李一派。但在《師友詩傳錄》中漁洋卻贊同高棅之論，將王、李列爲正宗，而以杜甫爲大家，杜甫之地位顯然降低了。從創作上而言，漁洋七律屬王李一派，《四庫全書總目提要》謂王士禛「近體多近錢、郎，上及乎李頎而上。律以杜甫之忠厚纏綿，沉鬱頓挫，則有浮聲切響之異矣。」所論甚是。

王士禛論五律推王維爲正宗，論五絕於唐推王勃、王維、裴迪、李白、崔國輔、韋應物，論七絕則以李白、王昌齡尤爲擅場，又認爲中唐之李益、劉禹錫，晚唐之杜牧、李商隱不減於盛唐作者。

六

明白王士禛以辨體方法進行詩歌史研究與批評，則關於王士禛詩學理論許多有爭議的問題都可以得到解決。

關於一些作家的評價問題。首先是對杜甫的評價問題。王士禛對杜甫到底是一種什麼態度？這在清代就有爭論。趙執信等認爲王士禛酷不喜杜，但又有人認爲漁洋詩亦學杜，《帶經堂詩話》的編纂者張宗柟則更舉漁洋贊賞杜甫之語置辯。其實籠統地談王士禛喜不喜杜甫是難以正確說明其對杜甫的眞正態度的。我們必須根據王漁洋辨體的方法來看其對杜甫的眞正評價。一、五古，王士禛對杜甫的五古評價很低。儘管王士禛依題材、內容把五古分爲幾種不同的風格類型，而杜甫代表一種類型，但漁洋實是以變體目杜甫的，並且對其《八哀詩》頗爲貶斥。二、七古，儘管漁洋論七古正宗的觀點前後有變化，但其一生中大都以杜甫爲正宗。三、七律，漁洋的態度有游移，曾以杜甫爲七律的極境，又曾以王維、李頎爲七律正宗，不過對杜甫評價也很高。四、五律，不喜杜甫，而愛王、孟。五、樂府，對杜甫評價極高。六、排律，評價不高。《池北偶談》云：「唐人省試應制排律率六韻，載諸《英華》者可考。至杜子美、元、白諸人，始增益至數十韻，或百韻。近日詞林進詩，動至百韻，誇多鬬靡，失古意矣。」王士禛對杜甫的態度是複雜的。《論詩絕句》論杜一首不正面評價杜甫而評杜注，難以四語道盡恐是一個原因。但在評七古一首中及論樂府一首中都論及杜甫而且給予了很高的評價，這也可與漁洋《論詩絕句》以外的論述相印證。

有人認爲杜甫在詩歌史上的崇高地位是歷史地形成的，不可動搖。王士禛不喜杜甫，但不敢顯攻之，不得不表面上也說幾句贊揚的應景話。這裏首先應該破除一個成見，似乎王士禛立意要和杜甫爲敵。本來，同一個人站在不同的角度對同一個作家有不同的評價，這是很正常的現象。對於一個作家，尤其是一個古代作家，人們可以站在文學史家的立場上給予其一個歷史的客觀的評價（儘管這種評價也擺脫不了主觀性），也可以以個人的審美趣味爲標準，站在欣賞者的角度有其自己主觀的價值判斷。這兩種評價可以一致，也可以不一致。王士禛若是如此，也是無可非議的。但事實上王士禛對杜甫的評價是很明確的，他並沒有說言不由衷的話。作爲當時文壇上的一個大家，他有足夠的自信相信自己的評價是公允的、客觀的。他對他認爲是杜甫缺點的東西的批評是很尖銳、直接的，如評杜甫的《八哀詩》謂其「最冗雜不成章，亦多啽囈語。而古今稱之，不可解也」（《漁洋詩話》）。這難道是不敢顯攻之嗎！上面所引他對杜甫排律的評價也是如此。

當然，王士禛在他自認爲公正的評價中也雜有自己的偏好。如在五言古律詩方面，就他個人而言更喜歡王、孟、韋、柳一派，這在其創作中也清楚地表現出來。在七律方面，王士禛雖對杜甫評價很高，卻偏愛王維、李頎一派，這種站在文學史家立場上的評價與自己的愛好常常糾纏不清的現象在文學史上是正常的，我們可以批評他在理論上的不完滿，但我們不能否定他在藝術風格上的選擇的自由。

王士禛對白居易的評價從總體上來說是比較低的。這一方面是因爲在王士禛看來白詩的情調不高，另一方面是由于白居易詩不夠含蓄的緣故。但漁洋對白居易的樂府詩還是大力肯定的。

有人因爲王士禛對杜甫的某些體裁的詩歌評價不高，而對白居易總體上評價甚低，便據此認爲王士禛反對詩歌表現社會現實。這種看法至少是不確切的。如果眞是這樣的話，杜甫、白居易的樂府詩乃是最直接反映社會現實的，漁洋應該大加貶斥才是，爲何他卻極力肯定呢？杜甫的七古亦頗多反映社會現實之作，何以漁洋也評價極高呢？我以爲，漁洋這些評價主要是從辨體角度即主要從藝術的角度作出的。王士禛不喜白居易七言古詩，這主要是因爲白居易的七古又轉學初唐體的緣故，並不是由於白居易七古反映了社會現實。

漁洋於唐詩雖亦贊成初盛中晚之分，但由於辨體的關係，這種時代的界限就不甚嚴格了。七言古詩，中唐韓愈在《七言詩選》中獨占一卷；七律，大曆錢、郎、晚唐李商隱都爲漁洋所稱賞；樂府，李、杜以後，於中唐亦推元、白、張、王；七絕除推盛唐作者以外，認爲「中唐之李益、劉禹錫，晚唐之杜牧、李商隱四家，亦不減唐作者云。」（《萬首唐人絕句選凡例》）

七

《論詩絕句》有四首專論宋代詩人，涉及的作家有黃庭堅、歐陽修、王安石，蘇軾雖無專論，但論七古一首也論及之。

王士禛對宋代文學的態度也是從漁洋在世就有爭議的問題。漁洋《論詩絕句》之十六有云：「耳食紛紛說開寶，幾人眼見宋、元詩。」可見漁洋在作《論詩絕句》的時期對宋元詩還是持肯定態度的。

王士禛《香祖筆記》云：「宋人詩，至歐、梅、蘇、黃、王介甫而波瀾始大。前此楊、劉、錢思公、文潞公、胡文恭、趙清獻輩，皆沿西崑體，王元之獨宗樂天。然予觀宋景文近體，無一字無來歷，而對仗精確，非讀萬卷者不能，迥非南渡以後所及。今人耳食，譽者毀者，皆矮人觀場，未之或知也。」這一段文字可以看作上句詩的注腳。

宋初，楊億、劉筠、錢惟演等詩學晚唐李商隱，號稱「西崑體」。王士禛對西崑體詩人是肯定的。《漁洋詩話》謂：「世人謂宋初學西崑體有楊文公、錢思公、劉子儀，而不知其後更有文忠烈、趙清獻（抃）、胡文恭（宿）三家，其工麗妍妙不減前人。」《池北偶談》謂：「文潞公承楊劉之後，詩學西崑，其妙處不減溫李。」李商隱七律甚爲漁洋所稱賞，楊、劉等律體學李商隱，自然也會受到漁洋的肯定。《師友詩傳錄》中謂：「宋初學西崑，於唐卻近」，即是指七律而言。

宋詩自梅堯臣時就已開始變西崑，但影響不大，至歐陽修才眞正扭轉風氣，開一代詩風，繼之蘇軾、黃庭堅等，形成了宋詩獨特的面貌。王士禛於北宋最推蘇軾，《古夫于亭雜錄》曰：「許顗彥周云：『東坡詩如長江大河，飄沙卷沫，枯槎束薪，蘭舟繡鷁，皆隨流矣。珍泉幽澗，澂澤靈沼，可愛可喜，無一點塵滓，只是體不似江河耳。』余謂由上所云，唯杜子美與子瞻足以當之。由後所云，則宣城、水部、右丞、襄陽、蘇州諸公皆是也。大家、名家之別在此。」漁洋後於《論詩絕句》作的《冬日讀宋金元諸家詩偶有所感各題一絕於卷後凡七首》之三云：「慶曆文章宰相才，晚爲孟博亦堪哀。淋漓大筆千年在，字字華嚴法界來。」謂東坡詩作有得於華嚴，如長江大河，無所不有，無所不盡，與《古夫于亭雜錄》所論正同。就辨體而言，王士禛最稱賞歐、王、蘇、黃者在其七古。《七言詩選》唐代僅占四卷，而宋代占六卷，歐陽修、王安石、蘇軾、黃庭堅各成一卷。趙文哲《媕雅堂詩話》謂「七古以盛唐人爲極則，然盡其變必極之宋人而後已。」但漁洋對於歐、蘇、黃之七言律卻並不欣賞，謂「歐、蘇、黃三大家只當讀其古詩歌行絕句，而七律必不可學」（《然鐙紀聞》），《師友詩傳錄》

載其語謂「宋初學西崑，於唐卻近。歐、蘇、豫章始變西崑，去唐卻遠」，七律以唐調爲標準，這是王漁洋對歐、蘇、黃七律評價不高的原因所在。

王士禛於南宋最推陸游，他在《冬日讀唐宋金元諸家詩偶有所感各題一絕於卷後》中評陸放翁云：「射虎山南雪打圍，狂來醉墨染弓衣。函關渭水何曾到，頭白東吳萬里歸。」對這位充滿報國之心、曾馳騁疆場的愛國詩人評價甚高。《池北偶談》云：「朱文公與徐賡載書云：『放翁詩，讀之爽然。近代唯見此人爲有詩人風致。如此篇，初不見其著意用力處，而語意超然，自是不凡，令人三歎不能已。近報又已去國，不知所坐何事。恐只是不合做此好詩，罰令不得做好官也。』」文公於詩頗邃，故能識放翁詩佳處。」漁洋引朱熹語謂陸游作詩不見其著意用力，語意超然，正與其評黃庭堅太著意相反（參見第十二首）。漁洋選七言古詩於南宋惟取陸游一人之作爲一卷，認爲「南渡氣格，下東都遠甚，唯陸務觀爲大宗。七言遜杜、韓、蘇、黃諸大家，正坐沉鬱頓挫少耳，要非餘人所及。」（《凡例》）對於陸游七律，王士禛評價獨高，把它列爲可以取法的對象。翁方綱認爲漁洋七律斥歐、蘇、黃而崇陸游是由於其心目中時時有盛唐格調在，這一點正是王士禛用辨體的方法評詩的表現。

在南宋詩人中，除陸游之外，王士禛最推姜夔，以爲其詩是「能參活句者」，「能深造自得」（《香祖筆記》）。

王士禛在金元之間推元遺山，稱其「七言妙處，或追東坡而軼放翁。」在元則推虞集、吳萊之七古及楊維楨之樂府（參見第十六首）。

八

王士禛之重視宋元究竟起於何時？俞兆晟《漁洋詩話序》謂：「先生晚居長安，位益尊，詩益老，每勤勤懇懇，以教後學。時於酒酣燭灺，興至神王，輒從容言曰：『吾老矣，還念平生，論詩凡屢變；而交游中，亦如日之隨影，忽不知其轉移也。少年初筮仕時，惟務博綜該洽，以求兼長。文章江左，煙月揚州，人海花場，比肩接跡。入吾室者，俱操唐音；韻勝於才，推爲祭酒。然而空存昔夢，何堪涉想？中歲越三唐而事兩宋，良由物情厭故，筆意喜生，耳目爲之頓新，心思於焉避熟。明知長慶以後，已有濫觴，而淳熙以前，俱奉爲正的。當其燕市逢人，征途揖客，爭相提倡，遠近翕然宗之。既而清利流爲空疏，新靈寖以佶屈，顧瞻世道，惄焉心憂。於是以太音希聲，藥淫哇錮習，《唐賢三昧》之選，所謂乃造平淡時也，然而境亦從茲老矣。』」又《帶經堂集》卷六十五《鬲津草堂詩集序》云：「三十年前，予初出，交當世名輩，見夫稱詩者，無一人不爲樂府，樂府必漢《鐃歌》，非是者弗屑也；無一人不爲古選，古選必十九首、公讌，非是者弗屑也。予竊惑之，是何能爲漢、魏之多也？歷六朝而唐宋，千有餘歲，以詩名其家者甚衆，豈其才盡不今若耶？是必不然。故嘗著論，以爲唐有詩，不必建安、黃初也；元和以後有詩，不必神龍、開元也；北宋有詩，不必李、杜、高、岑也。二十年來海內賢知之流，矯枉過正，或乃欲祖宋而祧唐，至於漢、魏樂府、古選之遺音，蕩然無復存者，江河日下，滔滔不返。有識者懼焉。」

這兩段話所論是否一致？由前一段所言，漁洋論詩似乎主要分三段：早年宗唐，中主宋，晚又宗唐；而由後一段所言似乎只有兩變，於是郭紹虞先生謂後段落去了早年之主張，所言乃是中年到晚年的變化，這樣，兩段文字所言似乎就取得了一致（《中國歷代文論選》第三冊，三六五頁）。朱東潤先生也持這種觀點（《王士禛詩論述略》，《中國文學論集》）。

其實，這種說法大可推敲。我們先看《鬲津草堂集序》的寫作時間。此文爲漁洋《蠶尾集》所收，《蠶尾集》雜文斷自庚午（康熙二十九年）以後，編於乙亥年（康熙三十四年）。而《蠶尾續文》斷自乙亥，可知《蠶尾集》下限至甲戌（康熙三十三年）。《鬲津草堂詩序》中有云：「田子子益（田霢），鄒、魯之文學，而漪亭司寇之介弟也。」漪亭，乃是田霢兄田雯的別號。田雯於康熙三十三年至三十八年官刑部左侍郎。刑部侍郎稱少司寇。此文稱田雯司寇，則可知此文作於康熙三十三年以後也，而《蠶尾文》的下限爲康熙三十三年，由此《鬲津草堂詩序》一文可斷爲康熙三十三年所作。康熙三十三年，漁洋年六十一歲，則漁洋文中謂三十年前當是指其三十一歲之前。王士禛《論詩絕句》作於三十歲，正是《鬲津草堂詩序》所說的這一時期，王士禛曾選唐人律絕五七言名《神韻集》以授其子，金榮《漁洋山人年譜》繫於二十九歲（惠棟撰《漁洋山人年譜》繫於二十八歲），那麼王士禛提倡宋元詩是否就在三十一歲作《論詩絕句》這一年呢？並非如此。據計東《改亭集》卷四《寧益賢詩集序》謂，王士禛曾於己亥庚子間（順治十六、十七年，漁洋二十六、二十七歲）評次寧益賢詩集，稱其詩似黃山谷。計東評曰：「至山谷詩則貽上之心乎愛矣，惟恐己之不似，又喜見人之能似之者，則亟引爲同調而親之。」可見至少在二十六歲時王士禛就已深愛山谷。而正在這一年，王士禛謁選得揚州府推官，開始步入仕途。

我們再來看《漁洋詩話序》的那一段話。漁洋謂「初筮仕時」，正是二十六歲以後剛步入仕宦之途的時候。這時的王士禛「惟務博綜該洽，以求兼長」。「文章江左，煙月揚州，人海花場，比肩接跡」句是指在揚州期間。「入吾室者，俱操唐音」，是說其所與交往者，詩皆學唐。「韻勝於才，推爲祭酒」，乃謂漁洋被推爲長。「然而空存昔夢，何堪涉想」，這裏「昔夢」當是指其「初筮仕時」的立意要「博綜該洽，以求兼長」，整句是說自己未能做到「博綜該洽」。那麼，這裏「惟務博綜該洽，以求兼長」坐實下來到底指什麼？如果說專宗盛唐的話，那麼後來入吾室者俱操唐音，我又被推爲祭酒，何以還謂空存昔夢呢？這顯然難以說通。以我的淺見，「惟務博綜該洽，以求兼長」與《高津草堂詩集序》中嫌時人專學樂府、宗古選太狹而欲兼唐並宋的觀點是一致的。

這樣說出現一個問題，《漁洋詩話序》中說：「入吾室者，俱操唐音」，而《高津草堂詩集序》則說見人人爲漢魏，兩者並不一致。其實，這只是表述角度不同的問題。說人人學漢魏，這只是就樂府、五言古詩言之，事實上清初詩壇並不存在一個專宗漢魏的時期。謂「唐音」者，則偏重於七古、五七言律絕等體言之，同時，說詩宗唐，也是一個較寬的說法，並不排斥在樂府、古詩等體裁方面學漢魏六朝。如前七子最著名的理論主張是文必秦漢、詩必盛唐，而李夢陽實則主張古詩必漢魏、三謝、近體則必初盛唐、必杜。所謂詩必盛唐者，舉其要耳。漁洋所謂唐音，也正是在這種非嚴格意義上使用的。

我們再看當時的詩壇。明末清初的詩壇主要並存兩種勢力，其一是以雲間派詩人爲代表，另一派以錢謙益爲代表。雲間派詩人如彭賓、夏彝仲、陳子龍、李雯、宋徵璧等人面對公安竟陵之流弊，再振七子復古之主張，學漢魏盛唐。清初，陳子龍等雖已逝去，但其勢力猶盛，影響依然很大。清初詩人除上所舉之外，若西泠十子、顧亭林、吳偉業、朱彝尊、施閏章、宋琬、汪琬等都曾學七子。而以錢謙益爲代表的虞山詩派則反對七子派的復古主張。

王士禛所謂「交當世名輩」者，當主要是指朱彝尊、施閏章、宋琬等人。王士禛對這種現象有所不滿。《鬲津草堂詩集序》所謂「唐有詩，不必建安、黃初」云云，即是指此。而其《論詩絕句》中論樂府一首也就是針對當時詩壇上人們學樂府者必漢魏鐃歌這一現象而發，其謂「幾人眼見宋元詩」，也是針對當時詩壇專爲唐音而言的。

王士禛既推尊唐詩，又不薄宋元，這恰是其惟務博綜該洽、以求兼長的表現。但創作實踐與理論主張畢竟不是一回事。王士禛早年也曾受七子復古派的影響，直到《論詩絕句》中我們還可以看到這種影響的明顯痕跡（對李何評價過高）。然而在創作上擺脫其影響較理論上則更爲困難。

王士禛詩歌創作兼師宋人主要是指《漁洋續集》。該集收康熙十年至康熙二十二年間詩作。王士禛於康熙十一年（三十九歲）典四川鄉試，有《蜀道集》。《漁洋續集》之染指宋人者以此爲代表。陳維崧《陳迦陵文集》卷四《與王阮亭先生書》云：「漁洋入蜀詩眞杜甫夔州之作，東坡海外之文也。」

施閏章序《漁洋續集》云：「客或有謂祧唐而祖宋者，予曰不然，阮亭蓋疾夫膚附唐人者了無生氣，故間有取於子瞻，而其所爲《蜀道》諸詩，非宋調也。」盛符升《讀雍益集總述》謂其「康熙壬子（十一年）秋祗奉朝命典試益州，有《蜀道集》二卷……其詩高古雄放，觀者驚嘆，比於韓蘇海外之篇。」這其中即使施閏章謂其非宋調，但並不否認其有取於宋人這一事實。由此可見，漁洋所謂「中歲越三唐而事兩宋，」實則是從創作而言，起於其三十九歲以後。並且其所謂越三唐事兩宋並非專事兩宋，而是通過辨體的方式在某些體裁上有取宋人。王士禛是以各種體裁的審美特徵爲立足點來評詩的，符合他所認爲此種體裁的審美特徵者取之，否則去之。因此時代並不構成其取捨的首要標準。如七古以杜甫爲宗，但多取宋、元；七律以盛唐爲正宗，但亦取晚唐李商隱、宋陸游、明李夢陽、李攀龍，因而難以一概說王士禛學唐學宋，而只能就體裁而具體言之。人們爭論王士禛究竟學唐學宋，說學唐者固然有理，謂學宋者確也是事實，究其實正是因爲沒有注意到王士禛是從辨體角度言之的緣故。

錢謙益原本是學宋人的，又加之王漁洋從理論到實踐的倡導，詩壇上又漸興起一股宗宋元之風。王士禛的門人顧嗣立彙編元詩，與吳之振等《宋詩鈔》並行，就連汪琬等人中歲也由唐入宋。這種風氣甚至影響到國外，《池北偶談》卷十六謂：「近朝鮮入貢使臣至京，亦多購宋元文集，往往不惜重價，祕本漸出，亦風會使然。」文學有復（繼承）有變（發展），無論學唐學宋原都無可非議，但率皆學唐學宋，就必然出現弊病。王士禛後期所面臨的也正是這一問題。詩壇宗宋成風，漁洋於是要以唐詩來拯救學宋之弊，這就是王士禛選《唐賢三昧集》的原因。

王士禛選《唐賢三昧集》在康熙二十七年，漁洋五十五歲，但事實上漁洋欲扭轉詩風的傾嚮在其前一年撰《唐詩十選》時就已表現出來。韓菼《唐詩十選序》云：「抑嘗讀漁洋諸集而知先生之詩矣。其天資高而學閎以肆，亦嘗泛濫出入於有宋諸名家，而風味筋力自在大曆元和以上，顧微妙無跡，雅不欲自名。今之有是選也，蓋恐學者之滔滔不知返，而大爲之防也。」韓菼作序時，學宋之弊已經出現，此已爲漁洋學宋作辯護。但漁洋編《唐詩十選》之旨卻也揭示出來了。

漁洋欲以唐救時人學宋之弊，但他並沒有因此而貶斥宋元詩。《池北偶談》成書於康熙二十八年，即漁洋編選《唐賢三昧集》的次年，但書中亦多談論宋元詩人之語，如論學杜謂「子瞻得杜氣，魯直得杜意」等，並未貶蘇、黃。其《香祖筆記》云：「康熙己巳庚午間在京師，每從朱錫鬯（彝尊）、黃俞邰（虞稷）借書，得宋元人詩集數十家。」康熙己巳，即康熙二十八年，正是其撰《池北偶談》之時。漁洋晚年的《居易錄》、《香祖筆記》等對宋元諸名家依然持肯定態度，此已見前面引述。

由上可見，要談王士禛與宋元詩的關係，首先必須明確一點，王士禛無論是評宋詩還是在創作上學宋詩都是從辨體的角度出發的。在這個基礎上王士禛對宋元某些體裁的詩歌給予了比較高的評價，他也在某些體裁上學習了宋人的寫法，但創作上的吸收宋人只限於中年的一段時間。

九

王士禛《論詩絕句》從第十七到第二十八首共十二首論明代詩人，加上爲《精華錄》刪去的論李夢陽、顧起綸兩首，共十四首。僅從數量上就可以看出對明代詩歌的評論在漁洋《論詩絕句》中的重要地位。

王士禛詩學原是從明復古派門庭中脫化出來，這和王士禛的家學源淵有關。漁洋的十七叔祖王象春是宗師李夢陽的，這影響及王士禛。閩人林古度論次其詩推王象春爲先河，以爲家學淵源有自。王士禛二十八歲時拜訪錢謙益，投以二十三歲時詩作，錢贈詩有云：「勿以獨角麟，儷彼萬牛毛」，雖極稱揚，但亦寓有勸戒之意。

《論詩絕句》正面評論前七子者有：論李夢陽（《精華錄》刪）、第十七首論何景明、第十八首論王廷相、第二十一首論何景明、第二十四論徐禎卿；側面涉及前七子者有：第二十三首及李夢陽、何景明、邊貢、徐卿禎等，第二十五首及邊貢。這中間，論王廷相一首未涉及其詩，姑不論。王士禛每稱弘正四傑，即李、何、邊、徐。

錢謙益對前七子復古基本上持否定態度，王士禛則基本持肯定態度。王士禛首先把七子辨體的方法繼承過來。這就決定其理論主張有不少相通之處。李、何通過辨體，主張古詩學漢魏三謝，歌行、近體學盛唐，學杜甫，這與漁洋之論是相通的。不同於李、何的是，王士禛的標準較李、何更寬一些。如五言古取六代、取唐，七古亦取宋元，這些正是王士禛超出七子樊籬的所在。

王士禛把弘正四傑分爲兩類，李、何爲一類，邊、徐爲一類。李、何歌行近體俱是宗法杜甫，何景明雖有《明月篇》學初唐，但據楊愼云：何景明原本枕籍杜詩，其作《明月篇》乃是受了楊愼和薛蕙的影響。這並不是何景明歌行的主流。王士禛反對以初唐七古爲正體，因而對何氏《明月篇序》中以初唐七古反在杜甫之上的觀點甚爲不滿。漁洋對李、何之學杜都作了肯定的評價，這一點也從側面證明王士禛並非酷不喜杜甫。其論鄭善夫一首亦可說明這一點。鄭善夫詩學杜已屢爲其同時代人所言，但當時亦有人批評鄭善夫詩中的傷時之語爲擬杜而來，是無病呻吟。對此，漁洋《論詩絕句》謂「鄭公變雅非關杜」，認爲鄭善夫傷時之語與當時的社會政治有關，乃是有感而發，並非由專學杜甫而致。這是從詩歌的內容所作的評論，並不是否認鄭善夫在藝術上對杜甫的繼承關係。

不同於李、何，邊貢、徐禎卿乃是以小詩取勝，在風格上以古澹見長。王士禛曾選刻邊貢詩爲《華泉集》，又評次徐禎卿《迪功集》。《論詩絕句》所論此類詩人尚有前七子之外的皇甫四兄弟和高叔嗣。

以上兩類詩在《論詩絕句》中並受到漁洋的稱賞，正是由於辨體的緣故。李、何之歌行、近體學杜，這正符合漁洋的主張。其五言古詩學漢魏，這雖與漁洋主張並不矛盾，但漁洋作《論詩絕句》時正是詩壇無不學漢魏而出現弊端之際，故不受漁洋推重。《論詩絕句》所稱者乃其歌行、近體。徐禎卿、高叔嗣等小詩以古澹見長，這也正符合漁洋的趣味。因而在辨體的基礎上，並尊兩者實不矛盾。

王士禛對後七子的評價與前七子相比是比較低的。李攀龍是擬古的能手，其樂府、五古並擬漢魏，其模擬之甚有僅易數字而成詩者，這在當時就遭到非議，儘管也有許學夷稱其得漢魏之神韻（《詩源辯體》後集纂要卷二），但誠如錢謙益所抨擊的那樣，不免剿襲之嫌，而且流風所及，直至王士禛的時代。這一點已爲王士禛所不滿。漁洋《花草蒙拾》謂：「雲間諸公論詩，持格律，崇神韻，然拘於方幅，泥於時代，不免爲識者所少。」其持格律，崇神韻，漁洋是肯定的，但其取徑太狹，模擬太甚，漁洋則頗爲反感。王士禛對後七子評價不高，這當是重要原因之一。但漁洋並非一概否定李攀龍。李氏七律學王維、李頎，還是頗受漁洋贊賞的。在詩歌理論上，李攀龍謂唐無五言古詩而有其古詩，這一點深受漁洋贊同，因爲王士禛是主張對五言古詩作出古調與唐調的區分的。李攀龍對李白的七古評會不高，謂其七言長短句是「強弩之末」、「英雄欺人」，王士禛雖對李白七古總體評價比較高，但對李白七言長短句之看法則與李攀龍相同。

李攀龍是以其擬古的主張及實踐著稱的，其所影響於文壇也正是在這一方面。漁洋《論詩絕句》謂：「白雪樓前宿草菲」，實是含有微意的。

十

王士禛《論詩絕句》詩歌史論中所表現出的理論傾嚮是什麼？文學批評史中的王士禛是以神韻說提倡者的面貌出現的，那麼《論詩絕句》是否就是神韻說在批評實踐中的具體運用？要弄清這個問題，首先必須搞明白王士禛神韻說的內涵是什麼。

王士禛從沒有對神韻作過直接的理論界說，要弄清神韻說的含義必須結合他的有關論述加以探討。我們姑把王士禛涉及神韻一詞的論述摘引出來。

律句有神韻天然，不可湊泊者，如高季迪：「白下有山皆繞郭，清明無客不思家。」曹能始：「春光白下無多日，夜月黃河第幾灣。」李太虛：「節過白露猶餘熱，秋到黃州始解涼。」程孟陽：「瓜步江空微有樹，秣陵天遠不宜秋。」是也。余昔登燕子磯有句云：「吳楚清蒼分極浦，江山平遠入新秋。」或亦庶幾爾。

——《漁洋詩話》

汾陽孔文谷（天允）云：詩以達性，然須清遠爲尚。薛西原論詩，獨取謝康樂、王摩詰、孟浩然、韋應物，言「白雲抱幽石，綠篠媚清漣」，清也；「表靈物莫賞，蘊眞誰爲傳」，遠也；「何必絲與竹，山水有清音」，「景昃鳴禽集，水木湛清華」，清遠兼之也。總其妙在神韻矣。神韻二字，予向論詩，首爲學人拈出，不知先見於此。

——《池北偶談》

昔人云，《楚詞》、《世說》，詩中佳料，爲其風藻神韻，去風雅未遙。

——《蠶尾續文》

唐末五代詩人之作，卑下嵬瑣，不復自振，非唯無開元、元和作者豪放之格，至神韻興象之妙，以視陳隋之季，蓋百不及一焉。

（程孟陽）七言近體學劉文房、韓君平，清辭麗句，神韻獨絕。

——《蠶尾文》

自昔稱詩者，尚雄渾則鮮風調，擅神韻則乏豪健。

——《蠶尾續文》

王士祜《賦得揚州早雁》：隋堤煙柳尚參差，目送寒蕪見雁時。浦樹驚秋零暮雨，江樓橫笛起涼颸。爲辭霜雪輕千里，此去瀟湘近九疑。回首故人經歲別，楚天搖落重相思。漁洋評曰：秀絕人區，神韻在文句之外。

——同上

——王士禛批點王士祜《古缽集選》

由以上諸條，我以爲漁洋所謂神韻乃是詩歌的一種審美特質。說是審美特質者，爲其能引起人們的美感；謂其一種審美特質者，是因爲神韻並非爲一切詩歌所普遍具有。這一點又可以從兩面來說，從橫的方面即從分類的角度說，神韻乃是一種審美類型，王士禛將神韻與豪健作爲相對的審美範疇。當然王士禛認爲這一對範疇並非不能統一，但二者統一之後則就結合而爲一種新的東西。這種新東西既非神韻也非豪健。從縱的方面說，有層次與程度的區別，有到與不到的區別。

既然神韻不是一切詩歌所共同具有的審美性質，而是一種審美類型，這就說明神韻在王士禛的詩學理論中乃是屬於審美風格的範疇。明確這一點極爲重要。這正是王士禛之神韻與翁方綱之神韻的根本區別所在。

翁方綱所謂的神韻並不是審美風格層面的範疇，而是一個標識詩歌審美本質的範疇。「神韻乃詩中自具之本然。」（《坳堂詩集序》，《復初齋文集》卷三）「神韻者，徹上徹下，無所不該。」（《神韻論》上，《復初齋文集》卷八）「道無邊際之可指，道無四隅之可竟，道無難易遠近之可言也。……道是一個大圈，我只立在此大圈之內，看汝能入來與否耳。此即詩家神韻之說。」（《神韻論》中）翁方綱把神韻比成道，而又把道比成一個大圓圈。這個大圓圈的邊際是詩與非詩的界限（當然詩與非詩的界限不是絕對的，這裏是翁方綱所理解的界限）。只要在圓圈之內，道是無所不在的，是具有普遍性的。這也就是說神韻是詩歌所普遍具有的屬性。它是比審美風格範疇更高一級的、更爲本質的範疇。從形式邏輯的角度說，它比審美風格範疇內涵少而外延大，是更爲抽象的範疇。對於翁方綱來說，神韻作爲詩歌的本質屬性是各種審美風格所共同具有的。「詩有於高古渾樸見神韻者，亦有於風致見神韻者。」（《坳堂詩集序》，《復初齋文集》卷三）正是由於翁方綱在這個角度上理解神韻，則其自然嫌王士禛所理解的審美風格層次上的神韻落於一偏，認爲「漁洋所以拈舉神韻者，特爲明朝李、何一輩之貌襲者言之，此特亦偶舉其一端，而非神韻之全旨也。」（《坳堂詩集序》）「新城之專舉空音鏡像一邊，特專以針灸李、何一輩之癡肥貌襲者言之，非神韻之全也。」（《神韻論》上）翁方綱所說的神韻是道是一是全，它無所不在，但又不是任何具體的東西，翁方綱說它是「君形者」。君形者神也，每首詩都有其君形者，其君形者儘管可以不同，但就其都是神而言，則是相同的。因而就每部作品而言，神韻都是具體可感的，若就神韻這個範疇本身而言，則是極抽象的。翁方綱認爲王士禛神韻說之弊病就在於把神韻的具體表現形態之一的「空音鏡像」執爲神韻的全部內涵，故說：「神韻者，本極超詣之理，非可執迹求之，而漁洋猶未免於滯迹。」（《坳堂詩集序》）這有些類似於西方美學史上談美的概念與美的事物的區別，翁方綱嫌王士禛把美女當成了美本身了。

我們說王士禛的神韻是一個審美風格範疇，是某些詩歌所具有的審美特質。那麼對於共同具有這種審美特質的作品來說，神韻就成爲共同的審美本質。那麼神韻具有哪些審美特徵呢？

王士禛舉薛蕙論神韻，可知王士禛是同意薛蕙之論述的，薛蕙以清遠爲神韻的特徵，並舉出了實例。

先看清。薛蕙以謝靈運詩「白雲抱幽石，綠篠媚清漣」爲清的典範。清是以上兩句詩所產生境界的審美特徵。這種特徵之產生實涉及創作主體、創作客體、藝術表現三個方面。就審美創作主體而言，清首先是一種審美情趣，而這又與主體的情懷有關。清和濁相反，它是一種超然脫俗的情懷，而這種情懷又決定了主體的審美趣味，決定審美主體在創作過程中對審美客體的選擇。就審美客體而言，詩中的山水景物體現了主體的情懷。這可從兩方面言之，首先，自然山水在中國文化中被賦予了超脫的品格，此一點爲人們所公認，這裏無須論證。其次，這首詩中的山水景物已經過審美主體的觀照和選擇，賦予了自己的情感。就藝術表現而言，詩歌的境界是通過語言表現出來的。清的境界要求表現這種境界的語言與之相適應，要求創作者選用清麗的而不是絢麗的字句。王士禛稱贊程孟陽詩的「清辭麗句」即是這種境界所要求的基本的語言色調。

再看遠。王士禛《蠶尾續文》論遠云：「畫瀟湘、洞庭，不必蹙山結水；李龍眠作《陽關圖》，意不在渭城車馬，而設釣者於水濱，忘形塊坐，哀樂嗒然，此詩旨也。」這裏遠有兩層涵義。其一，創作要表現高遠的情懷，李龍眠之作《陽關》，其意不在渭城的車馬之盛，而表現一釣者，這正是作者超俗之情懷的表現。其二，審美表現上要做到「不著一字，盡得風流」。所謂畫瀟湘、洞庭，不必襞山結水，正是王士禛所稱的「郭忠恕畫天外數峰，略有筆墨，意在筆墨之外」，亦即「不著一字，盡得風流」（《香祖筆記》）。王士禛引薛蕙語謂謝靈運「表靈物莫賞，蘊眞誰爲傳」爲遠。謝靈運這兩句詩出自《登江中孤嶼》，謂江水有靈而無人賞之，含道而無人傳之，雖是言山水而實則有言外之意。薛蕙所謂遠者乃是指其表現了主體的言外之意而言。

清和遠雖都和主客體及審美表現有關，但清實側重於客體及其審美表現即對山水的描繪，而遠則偏重在主體及其審美表現即對主體內在的思想情感的表現。這兩者結合起來，通過對自然山水的描寫來表現主體的思想情感。其所發者便是山水詩，所以薛蕙論詩獨取謝靈運、王維、孟浩然、韋應物。而其神韻說也主要在山水詩中見出，王士禛的神韻說也是這樣。

翁方綱認爲王士禛的神韻其實就是七子的格調，謂「漁洋變格調曰神韻，其實即格調耳。而不欲復言格調者，漁洋不敢議李、何之失，又惟恐後人以李、何之名歸之，是以變而言神韻。」（《格調論》上，《復初齋文集》卷八）

翁方綱並不否認詩歌有格調的存在，而恰恰認爲「夫詩豈有不格調者哉」（同上），但翁方綱所說的格調與七子實是有所區別的。在翁方綱看來，不同的作家有不同的格調，不同的時代有不同的格調。這些不同格調的差異與變化是必然的、合理的，「是則格調云者，非一家所能概，非一時一代所能專也。」（同上）而七子則是執一時代的格調爲詩歌的共同的審美標準，把本來屬於特殊性的東西當作普遍性，「於是上下古今，只有一格調，而無遞變遞承之格調矣。」（同上）

前面說過，王士禛的神韻說原本是審美風格層面上的範疇，是一種審美類型。那麼這種審美類型在藝術表現上必然有共同性，這種共同性就是這類作品的格調。神韻和格調當然有區別，神韻是就由作品的整體所產生的美感而言，格調是就作品在藝術形式及藝術表現上的特徵而言。但二者之間又有密切的聯繫，那就是神韻必然要與一定的藝術形式、藝術表現方式相聯繫。神韻在藝術表現、藝術形式的層面必然表現爲一定的格調。正因如此，我們才可以理解爲什麼王士禛神韻說與七子格調說有許多相通之處，兩者都確立自己的典範（正宗），而這種典範又通過辨體的方法來樹立。翁方綱說神韻即格調正是從聯繫處言之，認爲他們把偏當作全，嫌其過於偏狹。

十一

弄清了王士禛神韻說的內涵，我們可以考察《論詩絕句》的理論傾嚮。王士禛推李白之小詩，推孟浩然，論韋、柳，論錢、郎，論皇甫兄弟、徐禎卿、高叔嗣等，是從神韻角度作出的評價。而推李、杜的七古，推李、杜、元、白、張、王的樂府，推歐、蘇、黃的七古，推吳萊及明代李、何不是神韻所能範圍。可見《論詩絕句》的理論傾嚮並不能用神韻概括。

王士禛最早提出神韻說是在其二十九歲時，這一年王士禛曾選唐五七言律絕若干卷名《神韻集》。前已說過，王士禛在二十六、七歲時就已對黃庭堅甚爲喜愛，其三十歲時作《論詩絕句》兼倡宋元詩，如果說《神韻集》的編選代表王士禛此時的全部理論傾嚮的話，那麽就意味著王士禛在二十六、七歲至三十歲之間，論詩主張又有過數次變化，而這一點王士禛本人並未提及。再看《神韻集》本身並不是一部完整的斷代詩選，而只是一部分體詩選，僅選了唐人的五七言律絕。我以爲《神韻集》之神韻只能代表其對五七言律絕的審美標準，這也正符合他的辨體主張。王士禛以神韻論唐絕句，前已言之。《論詩絕句》中對五七言律實是推尊王、孟、李頎、錢、郎、劉長卿一派，這也是重其神韻。這也就是說《論詩絕句》中的神韻論的傾嚮與《神韻集》實際上是一致的，都是限於某些體裁，並不能概括其全部理論主張。

王士禛重提神韻說是在其五十六歲撰《池北偶談》時，即選《唐賢三昧集》的次年，可以說是此集之理論傾嚮的概括。王士禛再提神韻是爲了矯正當時詩壇學宋之弊。不同於《神韻集》，此時的神韻說已經上升爲他的主要理論主張以號召詩壇，影響創作實踐。但這並不等於說神韻說概括了王士禛詩歌理論的全部內容。前面說過，就在《池北偶談》中，王士禛對蘇、黃等人同樣稱賞。

我們說過辨體是王士禛詩歌研究與批評的方法，這是一種對詩歌作藝術研究與批評的方法，是王士禛《論詩絕句》主要的批評的方法。儘管辨體中分析藝術風格也涉及內容，但內容並不是著眼點。然而《論詩絕句》亦有主要從思想內容爲其立足點來作評價的，那就是第六首和第二十八首。第六首論元結《篋中集》和宋遺民詩《谷音》，王士禛稱元結「與世聲牙古性情」，而這種古性情亦從其《篋中集》見出，集中所選率皆「冰雪句」，此集只有《谷音》可嗣。這些評論顯然是著眼於作品的內容。第二十八首論鄺露。鄺露在清軍進入廣州時自殺，王士禛對他這種民族氣節十分感佩，稱其詩「字字離騷屈宋心」，也正是著眼於其詩中流露出的愛國之情。王士禛的這些評論與神韻說顯然不合。

由於上論述可見，王士禛《論詩絕句》所體現的理論傾嚮顯然是多元的。從思想內容而言，王士禛既對那些表現超脫塵世的情懷表示贊賞，又對表現強烈入世心的愛國情操極力稱賞。就藝術性方面而言，王士禛既喜王孟一派「不著一字，盡得風流」之詩，也愛蘇黃那種無所不有，無施不可的詩作；既言三唐，又不薄宋元。而這些在王士禛身上得到統一。從思想而言，王士禛本人的思想就是多側面的。出世之情與入世之心相兼於一身，這在中國古代文人中是常見的。就藝術而論，各種傾嚮統一於他的辨體的方法。王士禛這種多元化傾嚮與《漁洋詩話序》中所說的「博綜賅洽，以求兼長」正好是一致的；也與其《髙津草堂詩集序》中所謂唐有詩不必漢魏，宋元有詩不必唐的觀點相符合。

《論詩絕句》作爲王士禛早期詩學思想的代表是值得我們重視的。研究《論詩絕句》的詩學思想對於了解和研究王士禛的詩學思想體系及其發展無疑是有積極意義的。

一

巾角彈碁妙五官，① 搔頭傅粉對邯鄲。②
風流濁世佳公子，復有才名壓建安。③

注：

①巾角彈碁：《世說新語·巧藝》：「彈棊始自魏宮內，用妝奩戲。（劉孝標注：傅玄《彈棊賦敘》曰：『漢成帝好蹴踘，劉向以謂勞人體，竭人力，非至尊所宜御。乃因其體作彈棊。今觀其道，蹴踘道也。』按玄此言，則彈棊之戲，其來久矣。且《梁冀傳》云：『冀善彈棊，格五。』而此云起魏世，謬矣。）文帝於此戲特妙，用手巾角拂之，無不中。有客自云能，帝使爲之。客箸葛巾角，低頭拂棊，妙踰於帝。（劉注：《典論》常自敘曰：『戲弄之事，少所喜，唯彈棊略盡其妙。少時嘗爲之賦。昔京師少工有二焉：合鄉侯東方世安、張公子，常恨不得與之對也。』）」陸游《老學庵筆記》卷十：「呂進伯作《考古圖》云：『古彈棊局，狀如香爐。』蓋謂其中隆起也。李義山詩云：『玉作彈棊局，中心亦不平。』今人多不能解，以進伯之説觀之，則粗可見，然恨其藝之不傳也。魏文帝善彈棊，不復用指，第以手巾角拂之；有客自謂絕藝，及召見，但低首以葛巾角拂之，

文帝不能及也。此說今尤不可解矣。」五官：《三國志．魏志．武帝紀》：「（建安）十六年（二一一）春正月，天子命公世子丕爲五官中郎將。」按此句言曹丕擅彈碁。②邯鄲，邯鄲淳。據裴松之《三國志》注引魚豢《魏略》：「淳，一名竺，字子叔。博學有才章，又善《蒼》、《雅》、虫、篆、許氏字指。初平時，從三輔客荆州。荆州內附，太祖素聞其名，召與相見，甚敬異之。時五官將博延英儒，亦宿聞淳名，因啓淳欲使在文學官屬中。會臨菑侯植亦求淳，太祖遣淳詣植。植初得淳，甚喜，延入坐，不先與談。時天暑熱，植因呼常從取水自澡訖，傅粉。遂科頭拍袒，胡舞五椎鍛，跳丸擊劍，誦俳優小說數千言訖，謂淳曰：『邯鄲生何如邪？』於是乃更著衣幘，整儀容，與淳評說混元造化之端，品物區別之意，然後論羲皇以來賢聖名臣烈士優劣之差，次頌古今文章賦誄及當官政事宜所先後，又論用武行兵倚伏之勢。乃命廚宰，酒炙交至，坐席默然，無與伉者。及暮，淳歸，對其所知歎植之材，謂之『天人』」。③《史記．平原君列傳贊》：「平原君，翩翩濁世之佳公子也。」按此處「風流濁世佳公子」係指曹植。復有才名壓建安：建安文人之盛，《典論．論文》既已稱舉七子。此句言曹植爲建安文人之冠。宗廷輔《古今論詩絕句》謂：「上二句論魏文帝，下二句論陳思王」，誤。此詩首句論魏文帝，而後三句皆論陳思王曹植。

元遺山《論詩絕句》從建安論起，謂：「曹劉坐嘯虎生風，四海無人角兩雄。可惜并州劉越石，不教橫槊建安中。」翁方綱《石洲詩話》卷七評此詩云：「論詩從建安才子說起，此眞詩中疏鑿手矣。李太白亦云：『蓬萊文章建安骨』。韓文公亦云：『建安能者七。』」王士禛倣元遺山論詩亦從建安說起。論詩而從建安入手，這乃是由于建安時期是中國古代文人自覺創作的開始，它標誌著一個新時代的開端。朱庭珍《筱園詩話》卷二云：「古今大家，至曹子建始。漢代去古未遠，尙無以詩名家之學。如《十九首》，不著作者姓氏；蘇李詩，乃情不容已，各抒心所蘊結之意，非欲立言見長，自炫文彩。其獨絕千古處，正在稱情而言，略無雕琢粉飾，自然渾成深厚耳。兩漢之詩，不可以家數論也。自建安作者，始有以詩傳世之志，觀子桓兄弟之文可見。嗣後歷代詩家，莫不欲以詩鳴，爲不朽計矣。」此言亦頗能道出元、王二氏之用心。

覽遺山之詩可會其意旨，而讀漁洋此詩則不見其評論之意。翁方綱《石洲詩話》卷八謂：「論詩從建安說起，此二先生所同也。然漁洋則未加品騭也。此即所謂『不著一字』之旨，先生說詩每如此。」漁洋論詩推崇「不著一字，盡得風流」，這種審美理想亦體現於其論詩絕句中。但以此種方式論詩實大有弊端。論詩也者，就要評論，要態度明確。若於所論者「不著一字」，則他人是很難得其風流的。這一首即是如此。通篇未及其詩，讀後不知其意何在。因而有必要結合其文集中對建安文學的論述以探詩其意旨之所在。

王漁洋《漁洋文》謂：「夫古詩，難言也。《詩》三百篇中『何日不鼓瑟』，『誰謂雀無角』，『老馬反如駒』之類，始爲五言權輿。至蘇李、十九首，體製大備。自後作者日衆，唯曹子建、阮嗣宗、左太沖、郭景純數公，最爲挺出。江左以降，淵明獨爲近古，康樂以下其變也。……綜而論之，則劉勰所謂『結體散文，直而不野』，漢人之作，夐不可追；『慷慨磊落，清峻遙深』，魏晉作者，抑其次也；『極貌寫物，窮力追新』，宋初以還，文勝而質衰矣。」這簡略地勾勒了五言詩產生、成熟與發展變化的過程。王漁洋曾有《五言詩選》，其《凡例》云：「《十九首》之妙，如無縫天衣。後之作者，顧求之鍼縷襞績之間，非愚則妄。此後作者代興，鍾記室之評矓矣。愚嘗論之：當塗之世，思王爲宗，應劉以下群附和之，唯阮公別爲一派。」

對於三曹的評價，鍾嶸《詩品》將曹植列爲上品，謂其「骨氣奇高，詞彩華茂，情兼雅怨，體被文質，粲溢今古，卓爾不群」，爲「建安之傑」。曹丕被列在中品，鍾嶸嫌其「鄙質如俚語」，認爲只有「西北有浮雲」十餘首，「殊美贍可玩，始見其工矣」。而將曹操列入下品，稱「曹公古直，甚有悲涼之句」。鍾嶸的評詩標準是從情與辭兩方面要求的，於情要深厚，於辭要華美。曹植是這種審美理想的典範，曹丕只有十餘首「美贍可玩」，而其餘則嫌鄙質，故當遜一等。至於曹操雖有悲涼之句，於情不乏，但卻古直而無文彩，故被放在下品。

王世貞則與鍾嶸的評價相反。其《藝苑卮言》卷三謂：「曹公莽莽，古直悲涼。子桓小藻，自是樂府本色。子建天才流麗，雖譽冠千古，而遜父兄。何以故？材太高，辭太華。」而王夫之則尊曹丕而抑曹植，其《薑齋詩話》卷下謂：「建立門庭，自建安始。曹子建鋪排整飾，立階級以賺人升堂，用此致諸趨赴之客，容易成名。伸紙揮毫，雷同一律。子桓精思逸韻，以絕人攀躋，故人不樂從，反爲所掩。子建以是壓倒阿兄，奪其名譽。實則子桓天才駿發，豈子建所能壓倒耶？」又謂「曹子建之于子桓，有仙凡次隔，而人稱子建，不知有子桓，俗論大抵如此。」

漁洋將曹植推爲第一，而又將曹操置于上品。曹操之被列爲上品實則是由于他的樂府。王漁洋對樂府與古詩作了區分，認爲「樂府別是聲調體裁，與古詩迴別」（《五言詩凡例》）。其在《師友詩傳錄》中答郎廷槐問樂府與五七言古詩之別時云：「古樂府五言，如『孔雀東南飛』、『皚如山上雪』之屬，七言如《大風》、《垓下》、《飲馬長城窟》、《河中之水歌》之屬，自於五七言古音情迴別。於此悟入，思過半矣。」又《師友詩傳續錄》云：「如《白頭吟》、『日出東南隅』、『孔雀東南飛』等篇，是樂府，非古詩。如《十九首》、蘇李錄別，是古詩，非樂府。可以例推。」這裏並未從理論上作出劃分，張歷友、張蕭亭對此作了進一步的申述，從形式上言，「樂府間雜以三言，四言以至九言，不專五、七言也」；從表現內容上說，「樂府主紀功，古詩主言情」，「樂府之異於詩者，往往敘事」；從風格上言，「詩貴温裕純雅，樂府貴遒深勁絕」。但是在《五言詩選》中，王士禛卻又將二者的界限模糊了。其《凡例》云：「樂府別是聲調體裁，與古詩迴別。然漢人《廬江小吏》、《羽林郎》、《陌上桑》之類，敘事措語之妙，愛不能割。班姬《怨歌行》、卓氏《白頭吟》，被之樂府，何非詩耶？至曹氏父子兄弟，往往以樂府題敘漢末事，雖謂之古詩亦可，予間多采摭。」可見古詩與樂府亦非截然對立。由樂府列入古詩，則曹操的樂府詩古直悲涼，恰正符合樂府作爲一種文體的審美要求。在這一點上，王漁洋對曹操的評價就與王世貞相通了。王世貞正是從樂府詩作爲一種文體的審美標準來作評價的。

對於古詩，王漁洋則於三曹之中推曹植，以其爲宗。漁洋之推曹植，其中消息値得探究。對於五言古詩，王漁洋認爲最高標準乃是《古詩十九首》。鍾嶸《詩品》謂《十九首》與曹植同出於國風，呂本中《童蒙詩訓》曰：「讀《古詩十九首》及曹子建詩，如『明月入我牖，流光正徘徊』之類，詩皆思深遠而有餘意，言有盡而意無窮也。」（《苕溪漁隱叢話》前集卷一）言有盡意無窮，這恰恰是漁洋論詩的審美要求之一。

王漁洋之推崇曹植，還在於曹植詩有《古詩十九首》的韻致。張戒《歲寒堂詩話》卷上云：「韻有不可及者，曹子建是也……。鍾嶸《詩品》以《古詩》第一、子建次之，此論誠然。觀子建『明月照高樓』、『高臺多悲風』、『南國有佳人』、『驚風飄白日』、『謁帝承明廬』等篇，鏗鏘音節，抑揚態度，溫潤清和，金聲而玉振之，辭不迫切，而意已獨至，與《三百五篇》異世同律，此所謂韻不可及也。」漁洋論詩主神韻，曹植詩之韻致宜爲漁洋所喜。

推尊曹植，爲元遺山、王漁洋所同，但對劉楨的態度二人則不同。元好問以曹劉並稱，這種看法不始於元好問。鍾嶸《詩品》以劉楨僅次曹植，有「曹劉殆文章之聖」之說。皎然《詩式》云：「鄴中七子，陳王最高。劉楨辭氣，偏正得其中，不拘對屬，偶或有之，語與興驅，勢逐情起，不由作意。氣格自高，與《十九首》其流一也。」《竹莊詩話》卷五引秦少游語謂「曹植、劉公幹之詩，長於豪逸」，《滄浪詩話》又列有「曹劉體」。王漁洋卻一反前論，認爲鍾嶸「乃以劉楨與陳思王并稱，以爲『文章之聖』，夫楨之視植，豈但斥鴳之與鯤鵬耶！」（《漁洋詩話》）又其在《香祖筆記》中云：「古人同調齊名，大抵不甚相遠。獨劉楨與思王並稱，予所不解。建安七子，自孔文舉不當與諸人同流，此外如陳琳之《飲馬長城窟行》、阮瑀之《定情詩》、徐幹之《室思》，皆有漢人風矩，唯楨詩無一語可採，而自古在昔，並稱『曹劉』，未有駁正其非者。鍾嶸又謂其『使氣愛奇，動多振絕；思王而下，楨爲獨步』，殊似囈語，豈佳處今不傳耶？乃秦少游亦云：『五字一何工，妙絕冠儔匹』。殆亦耳食之習。」漁洋此論，前代亦有同調。明胡應麟《詩藪》外編卷二云：「魏稱曹劉，然劉非曹敵也。」許學夷《詩源辯體》卷四云：「建安七子以曹、劉爲首，然公幹實遜子建。」漁洋身後亦有贊同其說者。牟願相《小澥草堂論詩》謂：「陳思王外，仲宣尚有名篇，公幹絕少佳製。昔人以曹劉並稱，恐陳思不受耳。」張玉穀《古詩賞析》卷首《論古詩四十首》之十七：「椽筆陳思孰與同，氣呑七子建安中。遺山從說劉公幹，我道還應拜下風。」但喬億卻在《劍溪說詩》中則對漁洋提出了批評，認爲「新城公于建安諸子，獨不喜劉。至謂無一語可採，毋乃過與！」（卷上）

二

五字清晨登隴首，羌無故實使人思。①
定知妙不關文字，已是千秋幼婦詞。②

注：

①鍾嶸《詩品》：「至乎吟詠情性，亦何貴於用事？『思君如流水』，即是即目；『高臺多悲風』，亦惟所見；『清晨登隴首』，羌無故實；『明月照積雪』，詎出經史。觀古今勝語，多非補假，皆由直尋。」按，「思君如流水」，語出徐幹《室思》；「高臺多悲風」，出自曹植《雜詩》；「清晨登隴首」，見於《北堂書鈔》卷一五七引張華詩：「清晨登隴首，坎壈行山難（一作何難）。」「明月照積雪」，語見謝靈運《歲暮》。

②劉義慶《世說新語．捷悟》：「魏武嘗過曹娥碑下，楊脩從。碑背上見題作『黃絹幼婦，外孫齏臼』八字。魏武謂脩曰：『解不？』答曰：『解。』……脩曰：『黃絹，色絲也，於字爲絕。幼婦，少女也，於字爲妙。外孫，女子也，於字爲好。齏臼，受辛也，於字爲辭。所謂「絕妙好辭」也』。」

王漁洋《漁洋詩話》云：「余於古人論詩，最喜鍾嶸《詩品》、嚴羽《詩話》、徐禎卿《談藝錄》。」又云：「鍾嶸《詩品》，余少時深喜之，今始知其踳謬不少。嶸以三品銓敘作者，自譬諸九品論人，七略裁士。乃以劉楨與陳思并稱，以爲『文章之聖』。夫楨之視植，豈但斥鴳之與鯤鵬耶？又置曹孟德下品，而楨與王粲反居上品。他如上品之陸機、潘岳，宜左中品；中品之劉琨、郭璞、陶潛、鮑照、謝朓、江淹，下品之魏武，宜在上品；下品之徐幹、謝莊、王融、帛道猷、湯惠休宜在中品。而位置顛錯，黑白淆譌，千秋定論，謂之何哉？建安諸子，偉長實勝公幹，而嶸譏其『以莛扣鐘』，乖反彌甚。至以陶潛出於應璩，郭璞出於潘岳，鮑照出於二張，尤陋矣，又不足深辨也。」

漁洋謂少時喜鍾嶸《詩品》，當其作《漁洋詩話》時謂「今始知其踳謬不少」。按，據《漁洋山人年譜》，《漁洋詩話》於康熙乙酉年（一七〇五，漁洋時年七十二歲）撰六十余條，又於戊子（康熙四十七年，一七〇八）秋冬間增補一百六十條。據此，批評鍾嶸一條當作於康熙乙酉到戊子之間（即七十二歲到七十五歲之間）。但此條又出現於《蠶尾續集》中。又據《年譜》，《蠶尾續集》是集乙亥（康熙三十四年，一六九五）至甲申（康熙四十三年，一七〇四）京邸之作而成，則此批評至早亦應發於乙亥年，而漁洋時已六十有二。漁洋作《論詩絕句》年僅三十，可見正是喜鍾嶸之時。

王漁洋之喜鍾嶸正在於其提倡「直尋」。所謂直尋者，陳延傑《詩品注》謂：「鍾意蓋謂詩重在興趣，直由作者得之於內，而不貴用事。」又許文雨《詩品講疏》云：「直尋之義，在即景會心，自然靈妙。實即禪家所謂『現量』是也。《薑齋詩話》卷下曰：『禪家有三量，惟現量發光爲依佛性。

「長河落日圓」，初無定景；「隔水問樵夫」，初非想得。則禪家所謂現量也。「僧敲月下門」，祇是妄想揣摩，若即景會心，則或推或敲，必居其一，何勞擬議哉。』」按王夫之《相宗絡索》曰：「現量，現者有現在義，有現成義，有顯現眞實義。現在不緣過去作影；現成一觸即覺，不假思量計較；顯現眞實，乃彼之體性本自如此，顯現無疑，不參虛妄。」現量用作藝術理論是指一種藝術直覺。這種直覺有三個特點：其一是當下的，即是所謂即目；其二，不假思慮，是一種非理性活動；其三，能夠顯現對象的眞實面貌。王漁洋強調創作的興會正與此旨同。《漁洋詩話》卷上云：「蕭子顯云：『登高極目，臨水送歸；蚤雁初鶯，花開花落。有來斯應，每不能已；須其自來，不以力搆。』王士源序孟浩然詩云：『每有製作，佇興而就。』余生平服此言。」登高、臨水者，即景也；有以自來者，會心也。即景會心者，感興也。此種興會的過程與理路不同，不可以科學之理格之。《池北偶談》云：「世謂王右丞畫雪中芭蕉，其詩亦然。如『九江楓樹幾迴青，一片楊州五湖白』，下連用蘭陵鎮、富春郭、石頭城諸地名，皆寥遠不相屬。大抵古人詩畫，只取興會神到，若刻舟緣木求之，失其指矣。」由興會產生的作品雖不符名言之理，卻符合藝術的情理，這即是邏輯之眞與藝術之眞的關係。

宗廷輔《古今論詩絕句》謂：「清晨登隴首，羌無故實；明日照積雪，詎出經史，出鍾嶸《詩品》。下二句隱用司空圖《詩品》『不著一字，盡得風流』之意。」其實在漁洋的思想中，兩者是緊密相聯的。其《突星閣詩集序》云：「夫詩之道，有根柢焉，有興會焉，二者率不可得兼。鏡中之像，水中之月，相中之色，羚羊挂角，無跡可求，此興會也。本之《風》、《雅》以導其源，泝之楚《騷》、漢魏樂府詩以達其流，博之『九經』、『三史』、諸子以窮其變，此根柢也。根柢原於學問，興會發於性情。」（《漁洋文略》卷三）在漁洋由性情而興會，自然能達到「不著一字，盡得風流」之境，故漁洋於鍾嶸說後卻下一「定知妙不關文字」之斷語。

鍾嶸直尋而不貴用典，漁洋如何看待用典之問題？《師友詩傳續錄》記劉大勤問：「鍾嶸《詩品》云：『吟詠性情，何貴用事？』白樂天則謂文字須雕藻兩三字文采，不得全直致，恐傷鄙樸。二說孰是？」王漁洋答曰：「仲偉所舉古詩，如『高臺多悲風』、『明月照積雪』、『清晨登隴首』，皆書即目，羌無故實，而妙絕千古。若樂天云云亦是，而其自為詩卻多鄙樸。特其風味佳，故雖云『元輕白俗』，而終傳於後耳。」其實漁洋並不一味反對用事，而主張用事不露痕跡。《池北偶談》云：「作詩用事以不露痕跡為高，往董御史玉虬（文驥）外遷隴右道，留別予輩詩云：『逐臣西北去，河水東南流。』初謂常語，後讀《北史》，魏孝武帝奔宇文泰，循河西行，流涕謂梁禦曰：此水東流，而朕西上。乃悟董語本此，深嘆其用古之妙。」用事而不露痕跡者，即將所用之事融入到作者的情思中去，讀者不知其用事亦不妨讀其詩。

詩之用事與否，實則是學問在詩歌創作中的地位問題。《風月堂詩話》卷上：「詩人勝語，感得於自然，非資博古。若『思君為流水』、『高臺多悲風』、『清晨登隴首』、『明月照積雪』之類，皆一時所見，發於言詞，不必出於經史。故鍾嶸評之云：『吟詠情性，亦何貴於用事。』顏謝椎輪，雖表學問，而太始化之，寖以成俗。當時所以有書抄之譏者，蓋為是也。大抵句無虛詞，必假故實；

語無空字，必究所從。拘攣補綴而露斧鑿痕跡者，不可與論自然之妙也。」王士禛論作詩以根柢興會對立，即以學問與性情對立，不主張以學問爲詩。但王漁洋並不主張廢學問，《師友詩傳錄》記其語云：「司空表聖云：『不著一字，盡得風流』，此性情之說也；楊子雲云：『讀千賦則能賦。』此學問之說也。二者相輔而行，不可偏廢。若無性情而侈言學問，則昔人有譏點鬼簿，獺祭魚者矣。學力深，始能見性情，此一語是造微破的之論。」沒有學問的性情如同愚夫愚婦之性情，是粗樸的。性情經過學問的陶冶而雅化成爲一種文人的性情。在王漁洋看來，學問之於詩歌的關係就是在於陶冶主體之性情，而詩歌創作則應抒情，不顯學問。

漁洋對鍾嶸《詩品》的批評在後期，但此種批評不是全盤的否定，而只是對鍾嶸對作家的品次有所不滿，其對鍾嶸直尋即目的思想到晚年亦並未拋棄。對於漁洋之指摘鍾嶸品次不當，紀昀嘗有辯護，《四庫全書總目提要》云：「近時王士禛極論其品第之間，多所違失。然梁代迄今，邈踰千祀，遺篇舊製，什九不存。未可以掇拾殘文，定當日全集之優劣。惟其論某人源出某人，若一一親見其師承者，則不免附會耳。」（卷一九五，《詩品》條）《提要》之辯護，固有道理，但審美觀念有時代性，鍾嶸品次之標準是其時代之審美原則，時代變化，審美觀念有繼承亦有發展。後人品詩之標準必有不同於前人者，因而前人與後人品次之差異當屬必然。王士禛以其審美標準品次漢魏六朝詩固無錯誤，但據己之標準以攻鍾嶸，謂其「踳謬」，則爲不可也。但若謂不可對其進行重新評價，亦不可也。其實王漁洋之前已有指摘鍾嶸之失者。王世貞《藝苑卮言》卷三云：「吾覽鍾記室《詩品》，折衷情文，裁量事代，可謂允矣，詞亦奕奕發之。第所推源出於何者，恐未盡然。邁、凱、昉、約濫居中品。至魏文不列乎上，曹公屈第乎下，尤爲不公。少損連城之價。」至於不拘於《詩品》之品次而重估其時代之作家作品者則更多，如陶淵明地位之提高，潘岳、陸機地位之下降等等，都與鍾嶸所評有較大差異。這些都是文學批評史上的正常現象。

三

青蓮才筆九州橫，① 六代淫哇總廢聲。②
白紵青山魂魄在，③ 一生低首謝宣城。④

注：

①青蓮，李白號。孟棨《本事詩》：「李太白初自蜀至京師，舍於逆旅。賀監知章聞其名，首訪之。既奇其姿，復請所爲文。出《蜀道難》以示之，讀未竟，稱嘆者數四，號爲『謫仙』，解金龜換酒，與傾盡醉。」劉全白《唐故翰林學士李君碣記》謂其「善賦詩，才調逸邁，往往興會屬詞，恐古人之善詩者亦不逮。」張戒《歲寒堂詩話》卷上：「才力有不可及者，李太白、韓退之是也。」

②李陽冰《唐翰林李太白詩序》：「盧黃門云：『陳拾遺橫製頹波，天下質文翕然一變。』至今朝詩體尚有梁陳宮掖之風，至公大變，掃地並盡。」李白對六朝文風頗不滿，其《古風》一云：「自從建安來，綺麗不足珍。」《本事詩》記其論詩之語云：「梁陳以來，艷薄斯極。沈休文又尚以聲律，將復古道，非我而誰與。」然趙翼則認爲其詩尚有梁陳宮掖風氣之遺，《甌北詩話》卷一云：「李陽冰序謂：唐初詩體，尚有梁陳宮掖之風，至青蓮而大變，掃盡無餘。然細觀之，宮掖之風，究未掃

盡也。蓋古樂府本多托於閨情女思，青蓮深於樂府，故亦多征夫怨婦、惜別傷離之作，然皆含蓄有古意，如《黃葛篇》之『蒼梧大火流，暑服莫輕擲。此物雖過時，是妾手中跡』，《勞勞亭》之『春風知別苦，不遣柳條青』，《春思》之『春風不相識，何事入羅幃』，皆醞藉吞吐，言短意長，直接《國風》之遺。少陵已無此風味矣」。

③白紵、青山：惠棟《漁洋山人精華錄訓纂》：「二山皆在當涂（按今屬安徽），謝宣城嘗築室青山之南，太白葬青山之北。」按《新唐書·文藝傳》：「白晚好黃老，度牛渚磯，至姑孰，悅謝家青山，欲終焉。及卒，葬東麓。元和末，宣歙觀察使范傳正祭其冢，禁樵採，訪後裔，惟二孫女嫁爲民妻，進止仍有風範，因泣曰：『先祖志在青山，頃葬東麓，非本意。』傳正爲改葬，立二碑焉。」

④《南齊書·謝朓傳》：「謝朓，字玄暉，陳郡陽夏人也。……高宗輔政，以朓爲驃騎諮議，領記室，掌霸府文筆，又掌中書詔誥，除秘書丞，未拜，仍轉中書郎，出爲宣城太守……長五言詩，沈約常云：『二百年來無此詩也。』」按李白對謝朓非常推服。其《金陵城西樓月下吟》云：「解道澄江靜如練，令人卻憶謝玄暉。」又其《宣州謝朓樓餞別校書叔云》謂：「蓬萊文章建安骨，中間小謝又清發。」王世貞《藝苑巵言》卷三云：「玄暉不唯工發端，撰造精麗，風華映人，一時之傑。青蓮目無往古，獨三四稱服，形之詞詠。《登九華山》云：『恨不攜謝朓驚人詩來。』」李白欲葬青山，亦欲嚮謝朓耳。漁洋此句謂李白能得謝朓之清新。

此首以振弊起衰者目李白。漁洋對太白五言古詩甚爲推崇，其《居易錄》云：「唐五言詩，開元、天寶間大匠同時併出。王右丞而下，如孟浩然、王昌齡、岑參、常建、劉眘虛、李頎、綦毋潛、祖詠、盧象、陶翰，之數公者，皆與摩詰相頡頏。獨儲光羲詩，多龍虎鉛汞之氣……高適質樸，不免笨伯。杜甫沉鬱，多出變調。李白、韋應物超然復古。然李詩有古調，有唐調，要分別觀之。」《師友詩傳續錄》記漁洋語云「滄溟先生（李攀龍）論五言，謂『唐無五言古詩，而有其古詩』，此定論也。常熟錢氏（謙益）但截取上一句，以爲滄溟罪案，滄溟不受也。要之，唐五言古固多妙緒，較諸十九首、陳思、陶、謝，自然區別。」漁洋認爲唐人五言古已不同於漢魏古詩，而李白、韋蘇州則超然復古。但李白之五古有古調，又有唐調。翁方綱《石洲詩話》卷一：「漁洋先生云：『李詩有古調，有唐調，當分別觀之。』所錄止《古風》二十八首，蓋以爲此皆古調。然此內如『秦皇掃六合』、『天津三月時』、「鄭客西入關」諸篇，皆出沒縱橫，非斤斤於踐跡者，即此可悟古調不在規摹字句，如後人之貌爲選體，拘拘如臨帖者。所謂古者，乃不古耳。」又云：「子昂、太白，蓋皆疾梁陳之艷薄，而思復古道者。然子昂以精深復古，太白以豪放復古。必如此，乃能復古耳。若其揣摹於形跡以求合，奚言復古乎。」潘德輿則云：「左司五古，高步三唐，然持較青蓮，色味不欠，形神頓隔，似難連類而及。且左司割秀於六朝者也，漁洋以太白、左司並言，疑所謂復古者，復《選》體之古焉耳。太白胸次高闊，直將漢、魏、六朝一氣鑄出，自成一家，拔出建安以來仰承《三百》之緒，所謂『志在刪述』、『垂輝千春』者也，豈專主《選》體哉！予韙漁洋能揭明李詩五言之復古，而恐其以《選》體當之，

猶非了義也。」（《養一齋李杜詩話》）

漁洋曾有五言古詩之選，於唐人僅取五家。其《五言詩凡例》云：「唐五言古詩凡數變，約而舉之：奪魏晉之風骨，變梁陳之俳優，陳伯玉之力最大，曲江公繼之，太白又繼之。《感遇》、《古風》諸篇，可追嗣宗《詠懷》、景陽《雜詩》。貞元、元和間，韋蘇州古澹，柳柳州峻潔，二公於唐音之中，超然復古，非可以風會論者。今輒取五家之作，附於漢魏六朝作者之後。」姜宸英《阮亭選五言古詩序》云：「新城王阮亭《五言詩選》，於漢取全，於魏晉以下，遞嚴而遞有所錄，而猶不廢夫齊、梁、陳、隋之作者。於唐僅得五人，曰陳子昂、張九齡、李白、韋應物、柳宗元。蓋以齊、梁、陳、隋之詩，雖遠於古，尙不失爲古詩之餘派。唐賢風氣，自爲畛域，成其爲唐人之詩而已。而五人者，其力足以存古詩於唐詩之中，則以其類合之，明其變而不失於古云爾。」

漁洋於五言古詩實以十九首、魏晉作爲審美理想，其《師友詩傳錄》在回答郎廷槐之間五古句法宜宗何人、從何人入手簡易時，謂：「《古詩十九首》如天衣無縫，不可學已。陶淵明純任眞率，自寫胸臆，亦不易學。六朝則二謝、鮑照、何遜，唐人則張曲江、韋蘇州數家，庶可宗法。」漁洋此處未標出李白，一是由於李白是天才，其詩不易宗法；再者，李白五古有古調亦有唐調。實際上，就五古而言，漁洋於唐代詩人中最推崇韋應物，認爲韋蘇州的五古是唐代五古的典範（後當詳論之）。而唐調的五古漁洋雖承認其「多妙緒」，但認爲其與漢魏六朝畢竟面貌不同，當分別論之。

漁洋對李白七古的評價是有變化的。《師友詩傳錄》記其言曰：「七言古若李太白、杜子美、韓退之三家橫絕萬古，後之追風躡景，惟蘇長公一人而已。」漁洋選七言古詩以杜甫爲宗，曰：「開元、大歷諸作者，七言始盛。王、李、高、岑四家，篇什尤多。李太白馳騁筆力，白成一家。大抵嘉州之奇峭、供俸之豪放，更爲　獲。又《居易錄》云：「七言古詩，諸公一調。唯杜甫橫絕古今，同時大匠，無敢抗行。李白、岑參二家，別出機杼，語羞雷同，亦稱奇特。」漁洋此處雖對李白七古之縱橫變化、豪放奇特甚爲稱賞，卻已次於杜甫。但這種觀點在《香祖筆記》中又發生了變化。漁洋云：「宋元論唐詩，不甚分初盛中晚，……楊仲宏《唐音》始稍區別，有正音、有餘響；然猶未暢其說，間有舛謬。迨高廷禮《品彙》出，而所謂正始、正音、大家、名家、羽翼、接武、正變、餘響，皆井然矣。獨七言古詩以李太白爲正宗，杜子美爲大家，王摩詰、高達夫、李東川爲名家，則非。是三家者，皆當爲正宗，李、杜均之爲大家，岑嘉州而下爲名家，則確然不可易矣。」按，高棅《唐詩品彙》以李白爲正宗，謂：「太白天仙之辭，語多率然而成者，故樂府歌辭咸善，或謂其始以《蜀道難》一篇見賞於知音，爲明主所愛重，此豈淺才者徼幸際其時而馳騁哉？不然也。白之所蘊非止是，今觀其《遠別離》、《長相思》、《烏棲曲》、《鳴皐歌》、《梁園吟》、《天姥吟》、《廬山謠》等作，長篇短韻，驅駕氣勢，殆與南山秋色爭高可也。雖少陵猶有讓焉，餘子瑣瑣矣。揭爲正宗，不亦宜乎？」高棅此論頗受羽影響，《滄浪詩話》稱太白詩爲「天仙之詞」，又謂「太白天材豪逸語，多率然而成者」。但嚴羽對李杜未加優劣，而高棅則明顯有偏好太白之處，《唐詩品彙》中李白居正宗者多而杜甫則居大家者多，這顯示出高氏偏嗜才情飄逸的特點。陸時雍《詩鏡總論》云：「七言古，自魏文、梁武以外，未見有佳。明遠雖有《行路難》諸篇，不免宮商乖互之病。太白其千古之雄乎？氣駿而逸，法老而奇，音越而長，調高而卓。少陵何事得與執金鼓而抗顏行也？」又云：「太白七古，想落意外，局自變生，其所謂『驅走風雲，鞭撻海岳』。其殆天授，非人力也。」亦極稱李白。

漁洋《香祖筆記》以王維、高適、李頎爲正宗，而以李、杜爲大家（關於杜甫的評價，後詳論之），主要在於漁洋對七古文體風格的要求已從縱橫變轉至整飭。《師友詩傳錄》云：「七言長短句，唐人惟李太白多有之。李滄溟謂其英雄欺人者是也。或有句雜騷體者，總不必學，乃爲大雅。」按，王世貞《藝苑卮言》卷四云：「李于鱗評詩，少見筆札，獨選唐詩序云：『唐無五言古詩，陳子昂以其古詩爲古詩，弗取也。七言古詩，唯子美不失初唐氣格，而縱橫有之。太白縱橫，往往強之末，間雜長語，英雄欺人耳。』此段褒貶有至意。」漁洋於七古要求比較整飭的形式，而李白七古則多長短句雜長語，英雄欺人耳。』此段褒貶有至意。」漁洋於七古要求比較整飭的形式，而李白七古則多長短句，實已雜有樂府的形式，甚至雜有騷體句式。《艇齋詩話》云：「古今詩人有《離騷》體者，惟李白一人，雖老杜亦無似《騷》者。李白如《遠別離》云：『日慘慘兮雲冥冥，猩猩啼煙兮鬼嘯雨。』《鳴皐歌》云：『雞聚族以爭食，鳳孤飛而無鄰。蝘蜓嘲龍，魚目混珍。嫫母衣錦，西施負薪』。如此等語，與《騷》無異。」施補華《峴傭說詩》云：「太白七古，體兼樂府，變化無方。」太白七古的這些特點與漁洋對七古整飭的形式之要求不相符合，所以不以李白爲正宗。潘德輿《養一齋李杜詩話》云：「太白歌行，祇有少陵相敵。王阮亭謂『嘉州之奇峭，供奉之豪放，更爲創獲。』又謂『李白、岑參二家，語羞雷同，亦稱奇特。」屢以太白、嘉州並稱，已爲失言，試問《襄陽歌》、《江上吟》、《鳴皐歌》、《送別校書叔雲》、《夢遊天姥吟》等作，嘉州能爲之乎？嘉州奇峭，人力之極，天弢未之解也。于鱗轉以太白爲「強弩之末」，爲「英雄欺人」，更不堪一笑耳。《詩辨坻》亦謂「太白歌行，跌宕自喜，不閑整栗，唐初規則，掃地欲盡」，與于鱗一鼻孔出氣。此皆誤以初唐爲古體，故嫌李詩之一概放佚，而幸杜詩之偶一從同。豈知詩之爲道，窮則變，變則通，《風》、《雅》之不能不爲《楚騷》，《楚騷》之不能不爲蘇、李，皆天也。」潘氏未注意到此一點上王漁洋亦同李攀龍一鼻孔出氣。

四

挂席名山都未逢，潯陽始見香爐峰。①

高情合受維摩詰，浣筆為圖寫孟公。②

注：

①孟浩然《晚泊潯陽望廬山》云：「挂席幾千里，名山都未逢。泊舟潯陽郭，始見香爐峰。嘗讀遠公傳，永懷塵外蹤。東林精舍近，日暮坐（一作空）聞鐘。」

②啓浣注：「右丞愛襄陽『挂席幾千里，名山都未逢』之句，因爲寫吟詩圖。」葛立芳《韻語陽秋》卷十四：「余在毘陵，見孫潤夫家有王維畫孟浩然像，絹素敗爛，丹青已渝。維題其上云：『維嘗見孟公吟曰：「日暮馬行疾，城荒人住稀。」又吟云：「挂席數千里，名山都未逢。泊舟潯陽郭，始見香爐峰。」余因美其風調，至所舍圖於素軸。』……後有本朝張洎題識云：『……見王右丞《襄陽圖》……觀右丞筆跡，窮極神妙。襄陽之狀，頎而長，峭而瘦，衣白袍，靴帽重戴，乘款段馬，一童總角，提書笈負琴而從，風儀落落，凜然如生。……按孟君當開元、天寶之際，詩名籍甚，一遊長安，右丞傾蓋延譽。或云，右丞見其勝己，不能薦於天子，因坎坷而終。故襄陽別右丞詩云：「

當路誰相假，知音世所希。」乃其事也。』」孟浩然《晚泊潯陽望廬山》一詩被漁洋看成是「不著一字，盡得風流」的典範作品。王士禛《分甘餘話》云：「或問『不著一字，盡得風流』之說。答：太白詩：『牛渚西江夜，青天無片云；登高望秋月，空憶謝將軍。余亦能高詠，斯人不可聞；明朝挂帆去，楓葉落紛紛。』襄陽詩：『挂席幾千里，名山都未逢。泊舟潯陽郭，始見香爐峰。嘗讀遠公傳，永懷塵外蹤。東林精舍近，日暮坐聞鐘。』詩至此，色相俱空，政如羚羊挂角，無跡可求，畫家所謂逸品是也。」《古夫于亭雜錄》云：「余少時最好李太白『牛渚西江夜』，孟浩然『挂席幾千里』諸篇，數數擬之。」

孟浩然《晚泊潯陽望廬山》是王漁洋標舉「不著一字，盡得風流」之美學境界的典範之一。漁洋稱「少時最好此詩」。呂本中《童蒙詩訓》云：「浩然詩『挂席幾千里，名山都未逢。泊舟潯陽郭，始見香爐峰，』但詳看此等語，自然高遠。」沈德潛《唐詩別裁》卷一評此詩云：「此天籟也。已近遠公精舍，而但聞鐘聲，寫望字意悠然神遠。」此詩旨在表現作者之超越的情懷。首二句挂席幾千里而未逢名山，一路興致索然，「都」字透出詩人怏然悻然怨然之情，前將至廬山，該是如何之盼之喜，而詩人卻將此隱於詩外，此爲下文作感情之鋪墊。次二句「始」字可見出詩人之欲見香爐峰之急切心情。第三聯從現實中蕩開去，言昔日曾讀慧遠傳，對此塵外之蹤早有嚮往之意。以上現實的以及夙來的嚮往都爲下二句作了心理鋪墊。但下文卻筆勢陡轉，近林精舍這個他本最嚮往之處卻是日暮，只能空聞鐘聲而不得見之。這會在詩人的心理引起如何的反應？這本是詩人所要表現的，但詩人卻就此結束全詩，言有盡而意無窮，故沈德潛謂之「悠然神遠」。

王士禛標舉「不著一字，盡得風流」，乃是繼承司空圖《二十四詩品》的觀點。所謂「不著一字，盡得風流」，涉及藝術表現的問題。藝術表現有實有虛，實寫者即作者之著字處，這在司空圖、王士禛並不是目的，而是要以實出虛，虛才是目的。《二十四詩品・雄渾》中所謂「超以象外，得其環中」，詩不可離象，不可離語言文字，但必須超乎象而得其虛，得其言外之旨，所謂「不著一字」指的正是對主體所要表現的意旨不直接著筆，而通過實寫以出其「風流」。

王士禛《香祖筆記》引王楙《野客叢書》云：「《新唐書》如近日許道寧輩畫山水，是眞畫也。《史記》如郭忠恕畫天外數峰，略有筆墨，然而使人見而心服者，在筆墨之外也。」漁洋稱其語「得詩文三昧，司空表聖所謂『不著一字，盡得風流』者也。」郭若虛《圖畫見聞志》稱許道寧山水「以筆畫簡快爲己任」，而《新唐書》正是以簡著稱，在這一點上二者相似。所謂「簡」，正如郭忠恕「畫天外數峰，略有筆墨」，著筆墨者是實寫，但實寫並不是目的，作者之意則在「筆墨之外」，此正是「不著一字，盡得風流」之意。

《晚泊潯陽望廬山》一詩在王士禛看來正是這種界的代表。此詩所要表現的是經過廬山東林精舍——這個象徵著超越的聖地時的心理感受，表現其超脫的情懷，但詩人對此並未著一字，而在前三聯作者寫的卻是精舍前的心理狀態，末聯只寫過精舍聽鐘聲，而不寫心理感受，因此在詩裡，作者只給了發生心理反應的主客觀條件，即主體此前的心理狀態，客體的呈現（近精舍聽鐘）。但正由於給定了發生心理反應的條件，當時的心理感受儘管沒有在詩中表現出來，卻在讀者的鑒賞過程中完成了。這時在詩歌作品中屬於虛的東西就欣賞者心理過程中得到了實現，由虛而化爲實。

詩歌作品達到這種境地，王漁洋以佛家的話頭稱之爲「色相俱空」、「羚羊挂角，無跡可求」。所謂「色相」，指詩中所實寫者。在王士禛看來，實所以出虛，詩人所要眞正表現的東西並不是詩中所寫的內容本身，而在詩歌的文字之外。實寫的作用就在於它作爲一種媒介以指嚮詩人眞要表現的內容（虛、言外之意）。一旦由象得意，由實得虛，則詩中所實寫者即被超越，相對於虛處而言，已沒有獨立的字面意義，喪失了「自性」，從而達到所謂色相俱空。

「羚羊挂角，無跡可求」，即是沈德潛所謂「天籟」之意，言詩作已超越技巧的層次達到了自然之境界。沈德潛《唐詩別裁集》評此詩云「所謂篇法之妙，不見句法者」。《峴傭說詩》云：「五律有清空一氣不可以煉字煉句求者，最爲高格，如太白『牛渚西江夜』、『蜀僧抱綠綺』，襄陽『挂席幾千里』，摩詰『中歲頗好道』，劉昚虛『道由白雲盡』諸首，所謂『羚羊挂角，無跡可求』。」作詩講求煉字煉句，必然難免有雕琢之痕跡，這恰是王士禛反對的，而孟浩然此詩正達到了無跡可求的境界，故漁洋推崇備至。

儘管《晚泊潯陽廬山》倍受王士禛的青睞，但漁洋對孟浩然總的評價卻低於王維。《香祖筆記》云：「汪純翁（琬）問予：『王孟齊名，何以孟不及王？』予曰：『正以襄陽未能脫俗耳』。汪深然之，且曰：『他人從來見不到此。』」又《師友詩傳續錄》記其語曰：「譬之釋氏，王是佛語，孟是菩薩語，孟詩有寒儉之態，不及王詩天然而工。惟五古不可優劣。」《彥周詩話》云：「孟浩然、王摩詰詩，自李、杜而下，當爲第一。老杜詩云：『不見高人王右丞』，又云『吾憐孟浩然』，皆公論也。」這並不是對二人總體創作成就的評價。就總體創作成就言，孟不如王。孟之長在五言，而王維卻兼擅七言，同時孟詩之精品亦不如王多。謝榛《四溟詩話》卷二云：「李空同評孟浩然《送朱二詩》曰：『不是長篇手段。』浩然五言古體近體，清新高妙，不下李杜。但七言長篇，語平氣緩，若曲澗流泉而無風卷江河之勢。空同之評是矣。」許學夷《詩源辯體》卷十六云：「孟浩然古律之詩，五言爲勝。五言則短篇爲勝。」

王孟齊名因爲他們有相近的藝術風格。徐獻忠謂孟浩然詩「氣象清遠，心悰孤寂，故出語灑落，洗脫凡近，讀之渾然省淨，眞彩自復內映。」（《唐音癸籤》卷五）《唐音癸籤》又引《震澤長語》云：「摩詰以淳古澹泊之音，寫山林閑適之趣，如輞川諸詩，眞一派水墨不著色畫。及其鋪張國家之盛，如『九天閶闔開宮殿，萬國衣冠拜冕旒』，『雲裏帝城雙鳳闕，雨中春樹萬人家』，又何其偉麗也！」故胡應麟稱「右丞詩自有二派：綺麗精工者，沈宋合調；幽閑古淡者，儲孟同聲。」

王孟雖同是閑淡，但二者又有不同。王維五言雖屬閑淡一派，但也染上秀麗之調。殷璠《河岳英靈集》謂：「王右丞詞秀調雅，意新理愜，在泉成珠，著壁成繪，一字一句，皆出常境。」徐獻忠謂孟浩然「秀調不及右丞，而閑淡疏豁，翛翛自得之趣，亦有獨長。」何景明云：「孟五言秀雅不及王，而閑淡頗自成局。」（以上二條均爲《唐音癸籤》卷九引）李東陽曾比較兩家之優劣，其《麓堂詩話》云：「唐詩李杜之外，孟浩然王摩詰足稱大家。王詩丰縟而不華靡，孟卻專心古淡，而悠遠深厚，自無寒儉枯瘠之病。由此言之，則孟爲尤勝。」此所謂「丰縟」是就色調而言，「丰縟而不華靡」，是指色彩濃郁而不過分，這恰與孟浩然的專心古淡相對。而李東陽更推賞古淡，嘗曰「陶詩質厚近古，愈讀而愈見其妙」，故其在王孟之間更推崇孟浩然。

與李東陽相反，王士禛以爲王維勝孟浩然。王士禛稱「孟詩味之未罷免俗」。所謂「未能免俗」即其所謂「有寒儉之態」。同一孟詩，李東陽、王士禛評價正好相反。按王士禛所云孟詩有寒儉之態者不包括五古，可知是指其律詩了。律成熟於唐，以五律而論，較之成於漢魏之五古更帶秀麗之色。王士禛別古調與唐調之五古，以爲古調之五古更能代表五古這一體裁的審美特徵。孟浩然專心於古淡，這符合王士禛心目中的五古標準，但其律詩亦一意古淡，在王士禛看來，這與其當作五律正宗的王維相比，就不免有些枯瘠寒儉之態了。

五

杜家箋傳太紛挐，①虞趙諸賢盡守株。②
苦為《南華》求向郭，③前惟山谷後錢盧。④

注：

①紛挐，混亂貌。《楚辭》王逸《九思》：「淆亂兮紛挐。」按杜詩自古箋註者極多。宋代就有郭知達編《九家集註杜詩》、蔡夢弼《杜工部草堂詩箋》、闕名的《集千家註杜詩》等，明代有張綖《杜詩通》、王嗣奭《杜臆》等，清代有仇兆鰲《杜詩詳詳》、楊倫《杜詩鏡詮》等等。

②虞，虞集（一二七二—一三四八），字伯生，號道園，官至翰林直學士。虞集曾纂修《經世大典》，有《道園學古錄》、《道園類稿》。趙，趙汸（一三一九—一三六九），字子常，治《春秋》，著有《春秋集傳》、《春秋屬辭》，晚年隱居東山著述，世稱東山先生，有《東山存稿》。按，趙汸曾注杜詩，而虞集並未曾注杜。宗廷輔《古今論詩絕句》云：「虞伯生先生集、趙子常先生汸，皆元儒也。虞全注杜七言律體，趙注五言律，僅及五分之二。然趙則確出己手，以導源初學，故極平易淺顯。虞注乃京口張性伯成所爲，本名《杜律衍義》，後人嫁名於虞者。王士禛亦對此有辯，其《

池北偶談》卷十四云：「《懷麓堂詩話》云：『《杜律》乃張注，宣德初有刊本。』按張性字伯成，江西金谿人，元進士，嘗著《尚書補傳》。獨足翁吳伯慶有挽詩云：「箋疏空令傳『杜律，志銘誰與繼唐碑。』予在京師，曾得張注舊本。」只是世已訛傳稱虞集注，故漁洋仍沿稱之。虞、趙之注杜實非可稱善注，楊愼《間書杜律》云：「世傳虞伯生注杜七言律，本不出伯生手，後人駕名耳。牽纏之病，實謬千里。既晦杜意，復污虞名。」（金榮《漁洋山人精華錄箋注》卷二引）又惠棟注引薛岡《天爵堂筆餘》云：「風人與訓詁，肝腸意見絕不相同，往往取風人妙義牽強附會。老杜身後受虞、趙兩君之累不淺。近見《剡溪漫筆》云：『杜公雖破萬卷，未必拘泥古者若此。』」錢謙益《注杜略例》云：「趙次公（按指趙汸）以箋釋文句爲事，邊幅單窘，少所發明，其失也短」故漁洋謂其守株。

③南華，《莊子》。《新唐書·藝文志》：「天寶元年，詔號《莊子》爲《南華眞經》。」向秀、郭象曾注《莊子》。

④黃庭堅有《大雅堂記》云：「由杜子美以來，四百餘年，斯文委地。文章之士，隨世所能，傑出時輩，未有升子美之堂者，況室家之好耶！余嘗欲隨欣然會意處，箋以數語，終以汩沒世俗，初不暇給。雖然，子美之詩，妙處乃在無意於文。夫無意而意已至，非廣之以《國風》、《雅》、《頌》，深之以《離騷》、《九歌》，安能咀嚼其意味，闖然入其門耶？故使後生輩自求之，則得之深矣。使後之登大雅堂者，能以余說而求之，則思過半矣。彼喜穿鑿者，棄其大旨，取其發興於所遇林泉人

物、草木魚蟲，以爲物物皆有所託，如世間商度隱語者，則子美之詩委地矣。」（《豫章黃先生文集》卷十七）崔邁《尚友堂說詩》云：「余嘗觀黃山谷《大雅堂記》、《石刻杜詩記》，此老爲善言杜詩者。及見元好問《杜詩學引》云：『近世惟山谷最知子美，而山谷未嘗註杜詩。試取《大雅堂記》，則知此翁註杜已竟。』乃知豪傑所見，大略相同。」錢、盧，啓浣註云：「牧齋有《讀杜小箋》，德水有《讀杜微言》。」錢謙益（牧齋）《復吳江潘力田書》云：「僕之箋杜詩……大意耑爲刊削有宋諸人僞注謬解、繁仍惷駁之文，冀少存杜陵面目，偶有詮釋，但據目前文史，提撮綱要，寧略無煩，寧疏無陋，深知注杜之難，不敢不削稿自任，置之笸衍，聊代薈蕞而已。」（《有學集》卷三十九）又其《草堂詩箋元本序》云：「余爲讀杜箋，應盧德水之請也。孟陽曰：『何不遂及其全？』于是取僞注之紕繆、舊注之踳駁者，痛加繩削。文句字義，間有詮釋，藏諸篋衍。用備遺忘而已。……今人注書，動云吾效李善，善注《文選》，如《頭陀寺碑》一篇，三藏十二部，如缾瀉水。今人餖飣拾取，曾足當九牛一毛乎。顏之推言：『觀天下書未遍，不得妄下雌黃』。何況注詩，何況注杜？少陵間代英靈，目空終古。佔畢儒生，眼如針孔，尋撦字句，割剝章段。鑽研不出故紙，拈放皆成死句，皆趣滯膠，文義違反。呂向謂善注未能析理，增改舊文，唐人貶屑，比於虎狗鳳雞，寧可用罔，復蹈斯轍？」（上海古籍版《錢注杜詩》）又其《注杜詩略例》云：「杜詩昔號稱千家注，雖不可盡見，亦略具於諸本中。大抵蕪穢舛陋，如出一轍，其彼善於此者三家：趙次公以箋釋文句爲事，邊幅單窘，少所發明，其失也短；蔡夢弼以捃摭子傳爲博，泛濫踳駁，昧於持擇，其失也雜；黄鶴以考訂史鑑爲功，支離割剝，罔識指要，其失也愚。余於三家截長補短，略存什一而已。」（同上）按，錢注杜詩，不廢字句之註釋，史實之考證，然最重者杜詩之義旨。盧世㴶（一五八九—一六五三），字德水，山東德州人。有《杜詩胥鈔》、《讀杜私言》等。盧德水《讀杜私言序》（按即啓浣注云《讀杜微言》）曰：「余數年間於杜詩近四十餘讀，稍稍會其倫要。邇來卻埽，益有餘力，另錄而重讀之。長篇短章，務細察其意思所在。乃手彙爲帙，序準編年，體分古近，言之五七，區以別焉。即小有裁酌，而杜詩之全局統是矣。……子美《別李八秘書》有句云：『乞米煩佳客，鈔詩聽小胥。』余不敏，於子美無能爲役，第謹操觚管充胥史之任而已。而乞米鳩工，遂煩我友，襄茲素業，蓋有機緣，則余於子美雖無能爲役，然較之『隸人伐木』、『信行修水筩，張望補稻畦』、『豎子摘蒼耳，宗文樹雞柵』、『弟占數鵝鴨』，頗著微勞。儻籍手以見子美，想裂餅給酒，在所不靳，而後乃今，併斯舉以了平生執鞭之一念，斯又沾沾私幸者也。」（見《讀杜合刻》）

對漁洋之論杜註，翁方綱頗有微議，曰：「論杜而及於注家，論注杜而所斥者虞、趙，所主者錢、盧乎？虞伯生注之出於托名，夫人而知之矣，何不云魯訔、黄鶴諸家耶？山谷《大雅堂記》自是高識，然不能與後人注杜者並論也。盧氏《杜詩胥鈔》，其書不甚行於世，人罕知者。昔予在粵東，晤青州李南磵，語及此，南磵致書盧氏，屬其家以初印本見贈，始知其非定本。此蓋漁洋傅會其鄉人之詞，

不可爲據也。杜詩千古詩家風會所關，豈可隨所見以傅會之！」（《石洲詩話》卷八）

漁洋此首論杜甫，惟論杜註而不及杜詩。這恐怕是因爲其對杜甫的態度很複雜，難以在四句中說清之故吧。但漁洋對杜甫的評價一直是一個有爭議的問題，因而在這裡加以論述很有必要。

趙執信《談龍錄》謂：「阮翁酷不喜少陵，特不敢顯攻之，每舉楊大年『邨夫子』之目以語客。」恆仁《月山詩話》云：「王阮亭亦不喜杜詩。」但漁洋集中甚多稱贊杜甫之語。《香祖筆記》云：「祝允明作《罪知錄》，論唐詩人，尊太白爲冠；而力斥子美，謂其『以邨野爲蒼古，椎魯爲典雅，粗獷爲豪雄』，而總評之曰：『外道』。李則《鳳皇臺》一篇，亦推絕唱。狂誖至于如此，醉人罵座，令人掩耳不欲聞。」張宗柟云：「觀集中所論，其推少陵至矣。如此條指斥京兆（祝允明），殆無餘地。宮贊（趙執信）云云（指上文引語），或者有爲言之爾。」（《帶經堂詩話》卷二）由此可見，若謂漁洋酷不喜杜甫，恐漁洋不受。

漁洋評杜詩云：「獨是工部之詩，純以忠君愛國爲氣骨。故形之篇章，感時紀事，則人尊詩史之稱；冠古軼今，則人有大成之號；不有擬古浮辭，而風謠俱歸樂府；不有淫佚艷靡，而贈答悉本風人。故登吹臺於梁、宋，則支離東北風塵；栖江閣於夔州，則漂泊西南天地。故渾脫瀏漓，只如其自道；頓挫獨出，能此者幾人？諸體擅場，絕句不妨稍絀，吾亦不能妄歎者。」（《師友詩傳錄》）這裡對杜詩從思想到題材到藝術給予了概括的評價。

具體言之，漁洋對杜甫的七言古詩極爲推崇。

詩至工部，集古今之大成，百代而下無異詞者；七言大篇，尤爲前所未有，後所莫及。蓋天地元氣之奧，至杜而始發之。

——《七言詩凡例》

杜七言千古標準，自錢、劉、元、白以來，無能步趨者。貞元、元和間，學杜者唯韓文公一人耳。

——同上

七言古若李太白、杜子美、韓退之三家，橫絕萬古。

——《師友詩傳錄》

七言古詩，諸公一調。唯杜甫橫絕今古，同時大匠，無敢抗行。

——《居易錄》

漁洋之於七古推尊杜甫，這和他對七古之文體風格的理解是分不開的。其《漁洋詩話》云：「謝公問王子猷：『云何七言詩？』答曰：『昂昂若千里之駒，汎汎若水中之鳧。』二語已盡歌行之妙。」又《師友詩傳續錄》載其論七古語云：「七言則須波瀾壯闊，頓挫激昂，大開大闔耳。」以此種標準而衡七古之創作，其推杜甫應爲當然。

七言古詩作爲一種詩體，到唐代才眞正地走向成熟。王世貞云：「七言歌行，靡非樂府，然至唐始暢。其發也，如千鈞之弩，一舉透革；縱之，則文漪落霞，舒卷絢爛；一入促節，則淒風急雨，窈冥變幻，轉折頓挫，如天驥下坂，明珠走盤；收之，則如櫜聲一擊，萬騎忽斂，寂然無聲。」（《藝苑卮言》卷一）施補華《峴傭說詩》謂：「七言古雖肇自《柏梁》，在唐以前，具體而已。魏文《燕歌行》已見音節；鮑明遠諸篇已見魄力。然開合變化，波瀾壯闊，必至盛唐而後大昌。」前人論七古詩多以李、杜爲正宗。楊載《詩法家數》云：「七言古詩要鋪敘，要有開合，有風度，要迢遞險怪，雄俊鏗鏘，忌庸軟腐。須是波瀾開合，如江海之波，一波未平，一波復起。又如兵家之陣，方以爲正，又復爲奇；方以爲奇，忽復是正。出入變化，不可紀極。備此法者，惟李、杜也。」王世貞云：「歌行之妙，詠之使人飄揚欲仙者，太白也；使人慷慨激烈，歔欷欲絕者，子美也。」（《藝苑卮言》卷四）胡應麟《詩藪》云：「初唐七言古，以才藻勝，盛唐以風神勝，李、杜以氣概勝，而才藻風神稱之，加以變化靈異，遂成大家」（內編卷三）。

王士禛嘗有七言古之選，其自謂：「愚鈔諸家七言長句，大旨以杜爲宗，唐宋以來善學杜者則取之。」（《七言詩凡例》）王漁洋論七古以杜甫爲宗，而又抑李白於杜之下，是因爲李白多七言長短句，不爲漁洋所喜。《峴傭說詩》云：「少陵七古，學問才力性情，俱臻絕頂，爲自有七古以來之極盛。故五古以少陵爲變體，七古以少陵爲正宗。」亦與漁洋同。但在《香祖筆記》中，漁洋卻以王維、高適、李頎爲七古正宗，而以李白、杜甫爲大家。與《七言詩選》相較，杜甫的地位顯然降低。這一方面由于王、李諸人較爲整栗，另一方面由于王、李之作以風神勝，更爲漁洋所嗜。

漁洋對杜甫七律的評價，前後亦有變化。《然鐙紀聞》記漁洋之言云：「七律宜讀王右丞、李東川尤宜熟玩劉文房諸作，宋人則陸務觀。若歐、蘇、黃三大家，祗當讀其古詩歌行絕句，至于七律必不可學。學前諸家七律，久而有所得，然後取杜詩讀之，譬如百川學海而至於海也。此是究竟歸宿處。」又《居易錄》中引述劉公㦷之語云：「同年劉吏部公㦷云：『七律較五律多二字耳，其難十倍。譬開硬弩，祇到七分，若到十分滿，古今亦罕矣。』予最喜其語。因思唐宋以來，爲此體者，何翅百人，求其十分滿者，唯杜甫、李頎、李商隱、陸游，及明之空同、滄溟二李數家耳。」從七言律的成就而言，王士禛認爲杜甫是集大成者。他稱學七律先讀王維、李頎、劉長卿及陸游，再讀杜甫，譬之百川而歸於海，則是以王維、李頎等人爲川流，而以杜甫爲海也。《居易錄》論七律十分滿者而首推杜甫，這都表明了王漁洋是以杜甫七律爲最高成就的。但漁洋在《師友詩傳錄》中卻又云：「唐人七言律，以李東川、王右丞爲正宗，杜工部爲大家，劉文房爲接武。高廷禮之論，確不可易。高棅《唐詩品彙》七言律以崔顥、李白、賈至、王維、李憕、李頎、祖詠、崔曙、孟浩然、萬楚、張謂、高適、岑參、王昌齡爲正宗，而漁洋僅列王維、李頎二人，可知漁洋不同於高棅，其心目中的正宗只有王、李二人。

所謂正宗，即是最能體現七律作爲一種詩體之審美特徵者。高棅論崔顥、李白等云：「盛唐作者雖不多，而聲調最遠，品格最高。」沈德潛《說時晬語》卷上謂：「王維、李頎、崔曙、張謂、高適、岑參諸人，品格既高，復饒遠韻，故爲正聲。」

七律到杜甫手中發生了很大的變化。高棅《唐詩品彙》云：「少陵七言律法獨異諸家，而篇什亦盛，如《秋興》等作，前輩謂其大體渾雄富麗，小家數不可仿佛耳。」王世懋《藝圃擷餘》云：「少陵故多變態，其詩有深句，有雄句，有老句，有秀句，有麗句，有險句，有拙句，有累句。後世別爲大家，特高於盛唐者，以其有深句、雄句、老句也；而終不失為盛唐者，以其有秀句、麗句也。輕淺子弟，往往有薄之者，則以其有險句、拙句、累句也，不知其愈險愈老，正是此老獨得處，故不足難之。獨拙、累之句，我不能為掩瑕。」胡應麟《詩藪》內編卷五云：「（七言）近體盛唐至矣，充實輝光，種種備美，所少者曰大曰化耳。故能事必老杜而後極。」又云：「高（適）、岑（參）明淨整齊，所乏遠韻；王、李精華秀朗，時覺小疵。學者步高、岑之格調，合以王、李之風神，加以杜陵之雄深變幻，七律能事極矣。」胡震亨《唐音癸籤》云：「杜公七律，正以其負力之大，奇悰之深，能直抒胸臆，廣酬事物之變而無礙，為不屑屑色聲香味間取媚人觀耳。中間儘有涉於倨誕，鄰於憤懟，入於俚鄙者，要皆偶趁機緒，以吐噏精神。材料一無揀擇，義諦總歸情性，令人乍讀覺面貌可疑，久咀嘆意味無盡。其尊愛王（維）、李（頎），生異論以此；雖有異論，竟不淆千古定論，亦以此。」管世銘《讀雪山房唐詩凡例》謂：「七言律詩，至杜工部而曲盡其變。蓋昔人多以自在流行出之，作者獨加以沉郁頓挫。其氣盛，其言昌，格法、句法、字法、章法，無美不備，無奇不臻，橫絕古今，莫能兩大。」杜甫七律的這些特點與王維、李頎等有很大的差異，雖然成就很高，但在漁洋看來，終不算正宗。

漁洋對杜甫七古七律評價的前後變化表明其前後期對這兩種詩體審美標準的差異，前朝對縱橫變化較為欣賞，而後期則更偏嗜格調。

對於杜甫的五言詩，王士禛頗不欣賞。雖然漁洋謂「五七言有二體，田園邱壑，當學陶、韋，鋪敘感慨，當學杜子美《北征》等篇也」，但漁洋所喜者則是陶、韋的田園邱壑。王士禛云：「五言著議論不得，用才氣馳騁不得。」（《師友詩傳錄》）翁方綱《石洲詩話》卷一：「漁洋先生所謂五古者，專指《唐賢三昧》一種淡遠之體而言；此體幽閑貞靜，何可雜以急管繁弦？他日先生又謂『東坡效韋蘇州之作，是生查子詞』者，即此旨也。至於五言詩，則初不限以一例。而『少陸五言古千變萬化，盡有漢魏以來之長而改其面目。敘述身世，眷念友朋，議論古今，刻劃山水，深心寄託，真氣坌涌。』（《峴傭說詩》）以漁洋之標準衡量，杜甫五古實是變體。

王漁洋論詩標舉「不著一字，盡得風流」，強調含蓄之美，這恰與敘事議論相抵牾，因而杜甫五言古不受漁洋推崇是自然的。漁洋《五言詩選》不選杜詩，正是這個原因。不惟如此，王士禛於杜甫五古頗有指摘，這集中體現在對杜甫《八哀詩》的評價上。葛立方《韻語陽秋》云：「老杜之《八哀》，則所哀者八人也。王思禮、李光弼之武功，蘇源明、李邕之文翰，汝陽、鄭虔之多能，張九齡、嚴武之政事，皆不復見矣。蓋當時盜賊未息，嘆舊懷賢之作者也。」（卷四）王士禛《漁洋詩話》評謂：「杜《八哀詩》，最冗雜不成章，亦多啽囈語。而古今稱之，不可解也。」又《居易錄》云：「杜甫《八哀詩》鈍滯冗長，絕少翦裁。而前輩多推之，崔鶠至謂『可表裡雅頌』，過矣。試摘其纍句，如《汝陽王》云：『愛其謹潔極』，『上又回翠麐』，『天笑不爲新』，『手自與金銀』，『匪唯帝老大，皆是王忠勤』。《李邕》云：『盼睞已皆虛，跋涉曾不泥』，『衆歸賙給美，擺落多藏穢』，『是非張相國，相扼一危脆』。《蘇源明》云：『秘書茂松意』，『溟漲本末淺』。《鄭虔》云：『地崇士大夫，況乃氣精爽」，「方朔諧太枉」，「寡鶴誤一響」。《張公九齡》云：「骨驚畏曩哲，鬒變負人境」，「諷詠在務屏」，「用才文章境，散帙起翠螭」，「未缺隻字警。」云云率不可曉。披沙揀金，在慧眼自能辨之，未可爲群瞽語白黑也。」又云：「予嘗議子美《八哀詩》，《後村詩話》先已言之，曰：『如《鄭虔》之類，每篇多蕪詞累句，或爲韻拘，殊欠條鬯，不如《飲中八仙》之警策。蓋《八仙歌》每人止三兩句，《八哀詩》或累押二三十韻，以此知繁不如簡，大手筆亦然。』又云：『《八哀詩》，崔德符以爲「表裏雅頌，中古作者莫及」，韓子蒼謂其「筆力變化，與太史公諸贊方駕。」唯葉石林謂「長篇最難。魏晉已前不過十韻，常使人以意逆志。初不以敘事傾倒爲工。此八篇本非集中高作，而世多尊稱，不敢議其病；蓋傷於多，如《李北海》、《蘇源明》篇中多纍句，刮去其半方善」。石林之評纍句之病，爲長者不可不知。』右皆確論，與多意吻合。」

王漁洋之贊同葉石林的評價，二人的共同處在其以五言古傳統的審美特質看待已是五言之變體的杜詩，並且二人同推重含蓄，故二人對於杜甫五言的敘述、議論多有微詞。張謙宜《絸齋詩談》卷四云：「王阮亭最惡《八哀詩》，病其拖沓晦澀，幾不成句。如弔李臨淮、嚴僕射、李北海三篇，其中交情時事，功業文采，俱有不可磨滅者。特其倣《選》詩，疑於方鈍。此正是學富力重處，如大篆端莊，不作媚勢，宜輕秀者之反唇也。」此論正中漁洋之要害，漁洋以選體之審美特征繩杜詩，當然不滿杜詩。翁方綱《石州詩話》卷六謂：「漁洋以此八詩爲鉅篇，原自與前人贊賞略同，其所摘累句，則漁洋於詩，以妙悟超逸爲至，與杜之陰陽雷帥、利鈍並用者，本不可同語也。愚於《八哀詩附記》

卷中，偶亦及此，今舉其一條云：『《汝陽王璡》篇中，專敘附雁一事，史遷法也。「上又迴翠麟」，乃插入之筆，若無此句，則「扣馬」、「諫獵」諸句，皆無根矣。此種健筆，豈得以漁洋之評議之？其餘漁洋所摘累句，又或以爲噂𠴲難曉。若然，則《三百篇》變雅中亦頗多似後人不可曉之句矣。善論詩者，豈可如此！且如「金銀」二字，以今日俗眼視之，似是俗字乎？然而「不貪夜識金銀氣」，又何嘗非「金銀」二字連用？亦將以爲累句乎？如以漁洋所抹累句，若「紅綻雨肥梅」，與上句「綠垂風折笋」等耳。「綠」不聞其俗，而「紅」獨俗乎？……蓋漁洋爲詩，多擇樂府中清雋之字；不則年號、地名亦選其清雋悅目之字。如是則詩人止當用清揚、婉孌之字，而不當用籧篨、戚施之字矣。說詩正不當如此也。』

約而言之，葉石林所謂『以意逆志』，上溯魏、晉者，此原是漁洋論五言詩之大旨，其所鈔《三昧》、《十選》，皆此職志也。然漁洋於六朝則鈔及庾子山廿韻之作，而於唐則轉不取十韻外者，何也？故其於初唐亦止取短章以爲近古，而長篇則以爲近靡，又何論元、白諸篇矣。若杜公五言古詩，長篇如《北征》諸作，正復何減雅、頌！而可以長短較量乎？所以就學杜言之，人皆知其高古雄渾，而其用鈍筆處，不如其用利筆處之適於諷誦也……。然而杜詩初不以鈍筆見長，即漁洋之每摘杜公累句，固於學杜之理，非其至論。而亦與評杜之妙，初不相妨也。杜詩固不以漁洋之摘累句而稍有損，即漁洋之論詩，亦豈以其摘杜累句而有損乎？況愚所見漁洋評杜之眞本，其所圈識，尤關精微之詣。」

翁氏師漁洋之詩學，其於漁洋不免有所迴護，但其對漁洋的批評也頗爲尖銳，而且極有道理。以

「不著一字，盡得風流」之說去衡杜，自然嫌其繁纍。

漁洋於杜甫五律亦不欣賞，其心目中五律之典範乃是王維（參見「挂席名山都未逢」一首），但漁洋對杜甫的樂府詩卻甚爲推崇（參見「草堂樂府擅驚奇」一首。）

總之，漁洋對杜甫的評價是根據不同的體裁作出的，因而不能籠統說漁洋不喜杜甫。在王漁洋的心目中，各種詩體都有其文體本身的審美特徵，並且有特定時期的某一或某些作家的作品作爲典範。漁洋推崇杜甫的七言古律及樂府詩，是因爲杜甫這些體裁的作品並代表了其心目中的這些詩體的審美標準。杜甫的五言古、律，漁洋評價不高，是由於杜甫的這些作品在漁洋的眼中乃是變體。由於王漁洋晚年審美趣味發生了變化，故而其對杜甫七言律古的評價也有所降低。給每種詩體設定一標準以衡量衆作，這種批評方法與前後七子實是相同的，正是從這一角度言，翁方綱稱漁洋之「神韻」即「格調」，是有道理的。

六

漫郎生及開元日，與世聱牙古性情。①

誰嗣《篋中》冰雪句，②《谷音》一卷獨錚錚。③

注：

①《新唐書．元結傳》：（元結）「歸樊上，授著作郎。益著書，作《自釋》，曰：……少居商餘山，……後家瀼濱，乃自稱浪士。及有官，人以爲浪者亦漫爲官乎，呼爲漫郎。既客樊上，漫遂顯。樊左右皆漁者，少長相戲，更曰聱叟。彼誚以聱者，爲其不相從聽，不相鉤加，帶笭箵而盡船，獨聱齖而揮車。酒徒得此，又曰：公之漫猶聱乎？公守著作，不帶笭箵乎？又漫浪於人間，得非聱齖乎？公漫久矣，可以漫爲叟。於戲！吾不從聽於時俗，不鉤加於當世。誰是聱者，吾欲從之！……彼聱叟不羞聱齖於鄰里，吾又安能慚漫浪於人間？取而醉人議，當以漫叟爲稱。」《四庫全書總目提要》云：「結性不諧俗，亦往往跡涉詭激。初居商餘山，自稱季，及逃難猗玕洞，稱猗玕子，又或稱浪士，或稱聱叟，或稱漫叟。爲官或稱漫郎。頗近於古之狂。然制行高潔，而深抱閔時憂國之心，文章戛戛自異，變排偶綺靡之習。杜甫嘗和其《春陵行》，稱其可爲天地萬物吐氣。晁公武謂其文如古鐘

磐，不諧俗耳。高似孫謂其文章奇古不蹈襲。蓋唐文在韓愈以前，毅然自爲者，自結始。亦可謂耿介拔俗之姿矣。」卷一四九「次山集」條）。

②《篋中集》，元結選編，錄沈千運、王季友、于逖、孟雲卿、張彪、趙微明、元季川七人之詩，共二十四首。前有自序云：「元結作《篋中集》，或問曰：公所集之詩，何以訂之？對曰：『風雅不興，幾及千歲。溺於時者，世無人哉？嗚呼！有名位不顯，年壽不將，獨無知音，不見稱顯，死而已矣。誰云無之！近世作者，更相沿襲，拘限聲病，喜尚形似。且以流易爲詞，不知喪於雅正。然哉！彼則指詠時物，會諧絲竹，與歌兒舞女，生污惑之聲於私室可矣。若令方直之士，大雅君子，聽而誦之，則未見其可矣。吳興沈千運，獨挺於流俗之中，強攘於已溺之後，窮老不惑，五十餘年，凡所爲文，皆與時異。故朋友後生，稍見師效。能侶類者，有五六人。嗚呼！自沈公及二三子，皆以正直而無祿位，皆以忠信而久貧賤，皆以仁讓而至喪亡。異於是者，顯榮當世。誰爲辨士，吾欲問之。天下兵興，於今六歲，人皆務武，斯爲誰嗣。已長逝者，遺文散失，方阻絕者，不見近作。盡篋中所有，總編次之。命曰《篋中集》，且欲傳之親故，冀其不忘於今。」

③啓浣注：「《谷音》，杜清碧撰，宋末遺民之作。」漁洋《香祖筆記》：「《谷音》二卷，皆宋末人詩。上卷王澮以下凡十人，率任俠節義之士。下卷詹本以下凡十五人，則藏名避世之流也；番陽布衣、瀟湘漁父以下五人，不可得其姓字。要之，皆宋之逸民也。其詩慷慨激烈，古澹蕭廖，非宋末作者所及。是時謝皐羽、林霽山輩，皆以文章義節著於東南，而又有此三十人者與之遙爲應和，

亦奇矣。此書毛氏汲古閣本與《月泉吟社》合刻，最工。亡友施愚山備兵湖西，又嘗刻之清江，蓋杜清碧其郡人也。適見黃少司馬《雪洲集》，記此書初得之臨淮顧德光氏，後又見江西刻本，多『帝虎』、『陶陰』之憾。間託南都博洽之士是正，稍復其眞，虞部主事吳時晃見而愛之，遂刻諸眞州分署以傳。知弘正以來，此書蓋不一刻矣。集中諸人本末，各有耿耿不沒者，宜有神物在在護持之也。黃名瓚，字公獻，揚之儀眞人。」又《池北偶談》：「《谷音》二卷，元清江杜本清碧所輯，其人皆節俠跅馳之士，詩亦岸異可喜。常疑清碧自撰，託名于人。及得其《清江碧嶂集》觀之，殊庸無足取，與所輯迥不類。《谷音》，吾友施愚山爲湖西監司時，亦嘗刻於臨江。」

元結（七一九—七七二）生於開元七年，比杜甫（七一二—七七〇）小七歲。盛唐詩人，對社會、對個人抱有美好的憧憬，建功立業之志甚大。元結雖生在開元盛世，但卻性不諧俗，與其時代不合拍。《元次山文集》卷七《與呂相公書》云：「某（元結）性荒浪無拘限，每不能節酒，與人相見，適在一室，不能無歡於醉，醉歡之中，不能無過。少不學爲吏，長又著書論自適。昔天下太平，不敢絕世業，亦欲求文學之官職員散冗者，爲子孫計耳。自兵興以來，此望亦絕。」又《與何員外書》云：「次山漫浪者也，苦不愛便事之服，時世之巾，昔年在山野曾作愚巾凡裘，異於制度。」（《元次山文集》卷七）元結在生活上這些狂怪的行爲正是其不諧世俗的表現，而這些表現又和元結對當時社會的態度有關。蓋開、寶雖稱盛世，但同時也隱含著嚴重的社會政治矛盾與危機，安史之亂正是這種矛盾的總爆發。元結對這些社會矛盾頗爲敏感。故作詭異之行以表示自己對社會的不滿。但實際上，元結是頗有憂國憂民之情的。元結曾在唐肅宗乾元二年（七五九）上《時議》三篇，對當時動蕩的時局發表自己的見解。唐代宗廣德元年（七六三），元結出任道州刺史，於是年及次年分別作《春陵行》及《賊退示官吏》，對深受動亂之苦的人民表示了深切的同情。這兩首詩受到了杜甫的大力贊賞，謂「今盜賊未息，知民疾苦，得結輩十數公爲邦伯，萬物吐氣，天下少安，立可待矣。」（黃徹《䂬溪詩話》卷六引）

元結的這種不諧世俗表現在文學觀上便是對當時文壇的現狀的極大不滿。《篋中集序》中已對此作過抨擊（見注2引），在作於唐代宗永泰元年（七六五）的《劉侍御月夜讌會序》中云：「於戲！文章道喪蓋久矣。時之作者，煩雜過多，歌兒舞女，且相喜愛，係之風雅，誰道是耶？諸公嘗欲變時俗之淫靡，爲後生之規範。」（《元次山文集》卷七）出於對文壇現狀的不滿，元結一方面主張詩歌要反映現實，要有益於風雅，並自己寫下了《舂陵行》、《係樂府十二首》等一系列詩歌，成爲中唐白居易等現實主義詩歌潮流的直接先驅之一；另一方面在創作中反對講求形式技巧，主張不事雕飾、文采，因而其詩質樸無華。元結詩關乎風雅的內容與質樸的形式形成了其高古的風格。《詩源辯體》卷一云：「元結五言古，聲體盡純，在李、杜、岑參外別成一家。……其詩不爲浮泛，關係實多，但其品高性潔，激揚太過，故往往傷於訐直。中如《賤士吟》、《貧婦詞》、《下客謠》等，質實無華，最爲淳古。」沈德潛《唐詩別裁集》卷三云：「次山詩自寫胸次，不欲規橅古人，而奇響逸趣在唐人中另闢門仞。前人譬諸古鐘磬，不諧里耳，信然。」張謙宜《絸齋詩談》卷三曰：「元次山高古渾穆，有三代之遺風。」漁洋謂其「與世聱牙古性情」，不僅是就其思想、性格而言，亦是指其詩歌而論。

元結的「古性情」亦體現在其詩選《篋中集》上。元結的這部詩選對顯榮當世的大師名流之作一概不錄，而僅收那些「以正直而無祿位」、「以忠信而久貧賤」、「以仁讓而至喪亡」的無名小輩之作，並且這些詩作也「皆與時異」。所謂「與時異」，一方面表現在集中所錄多是這些賤士們在盛世之下的感時傷悼之作。如孟云卿《古挽歌》云：「臨穴頻撫棺，至哀反無淚。爾形未衰老，爾息猶童稚。骨肉安可離，皇天若容易。」《悲哉行》云：「孤兒去茲親，遠客喪主人。……朝亦常苦饑，暮亦常苦饑。」王季友《贈史修文》云：「念離宛猶昨，俄已經數期。疇昔皆少年，別來鬢如絲。……曩遊盡騫翥，與君仍布衣。」《野外行》云：「老病無樂事，歲秋悲更長。窮郊日蕭索，生意已蒼黃。」另一方面表現在這些詩也都不事雕琢、質樸無華。這些詩對盛唐的詩壇來說可謂是不諧和音。《四庫全書總目提要》評其選云：「其詩皆淳古淡泊，絕去雕飾，非惟與當時作者門徑迥殊，即七人所作，見於他集者，亦不及此集之精善。蓋汰取精華，百中存一，特不欲居刊薙之名，故記言篋中所有僅此云爾。」喬億《劍溪說詩》卷上云：「《篋中集》載沈千運諸人，皆廉潔士，詩亦高古，無唐世名輩習氣。」上所謂「淳古淡泊」，所謂「高古」者，即漁洋所謂「冰雪句」也。

王士禛認為能夠上承《篋中集》的乃是《谷音》。作為宋末遺民詩，不同於《篋中集》，《谷音》乃是「宋亡元初節士悲憤、幽人清詠之辭。」（《谷音》卷末張榘跋）冉秀《秦吉了》云：「有鳥秦吉了，鳴聲一何悲。自言承主恩，十載供提攜。……一朝不終惠，零落投荒靈。自傷去漢土，豈不懷南枝。……」雯天章《北客》云：「北客相催發，一日舉千帆。遙憐庚開府，歲晚望江南。」王澮《河之坊》云：「河之坊矣，截截其平。豈曰不力，言持其盈。國既覆矣，視爾瞢瞢。云胡昊天，不終惠我生。」這些詩表現出深切的故國之思和亡國者的感傷與悲憤。而另一類詩，如詹本《閒中》云：「萬事問不知，山中一樽酒。掃石坐松風，綠陰滿中袖。」此乃「幽人清詠之辭」，但實質上這種幽人的所謂清詠表現的乃是一種無可奈何的超脫，在超脫之中是含有感傷在的。《谷音》雖在具體內容上與《篋中集》有所不同，但在情調上則是相似的。沈德潛《說詩晬語》卷下云：「《谷音》一卷，係宋遺民詩，皆不落塵溷，清鏘可誦者。」《四庫全書總目提要》云：「是集所錄，乃皆古直悲涼，風格遒上，無宋末江湖齷齪之習，其人又皆使節守義之士，足爲詩重。王士禛《論詩絕句》曰：『誰嗣《篋中》冰雪句，《谷音》一卷獨錚錚。』其品題當矣。」

七

風懷澄澹推韋柳，①佳處多從五字求。②
解識無聲絃指妙，③柳州那得並蘇州。④

注：

①司空圖《與李生論詩書》云：「王右丞、韋蘇州，澄澹精緻，格在其中，豈妨於遒舉哉。」韋、柳並稱並不始於司空圖。司空圖以王、韋並稱，其《題柳柳州後序》評柳宗元詩云「味其搜研之致，亦深遠矣。俾其窮而克壽，抗精極思，則固非瑣瑣者輕可擬議其優劣。」司空圖以搜研、精思目柳宗元，與王、韋並非一宗。韋、柳並稱起於蘇軾，《書黃子思詩集後》云：「予嘗論書，以謂鍾、王之跡，蕭散簡遠，妙在筆畫之外。至唐顏、柳，始集古今筆法而盡發之，極書之變，天下翕然以爲宗師。而鍾、王之法益微。至於詩亦然。蘇、李之天成，曹、劉之自得，陶、謝之超然，蓋亦至矣。而李太白、杜子美以英瑋絕世之姿，淩跨百代，古今詩人盡廢；然魏、晉以來，高風絕塵，亦少衰矣。李、杜之後，詩人繼作，雖間有遠韻，而才不逮意。獨韋應物、柳宗元發纖穠於簡古，寄至味於澹泊，非餘子所及也。」曾季貍《艇齋詩話》云：「前人論詩，初不知有韋蘇州、柳子厚，

論字亦不知有楊凝式。二者至東坡而後發此秘，遂以韋、柳配淵明，凝式配顏魯公。東坡眞有德於三子也。」曾季貍指出蘇軾首以韋、柳配淵明固是正確，但其謂前人論詩不知有韋、柳則誤。清趙翼《甌北詩話》辯之云：「曾季貍《艇齋詩話》謂前人論詩不知有韋蘇州，至東坡而後發此秘，遂以配陶淵明云。按韋蘇州同時人劉太眞與韋書云：『顧著作來，知足下郡齋讌集。何以情致暢茂，趣逸如此！宋、齊間沈、謝、吳、何，始精於意理，緣情體物，得詩人之旨。後之傳者少矣。惟足下制其橫流，師摯之始，《關雎》之亂，於足下之文見之。』是韋詩已爲同時人所貴。其後白香山又宗陶、韋，有詩云：『時時自吟詠，吟罷有所思；蘇州與彭澤，與我不同時』。又云：『嘗愛陶彭澤，文思何高玄！又怪韋蘇州，詩情亦清閑。』是香山亦已推韋詩以比彭澤，不待東坡始重之也。坡詩云：『樂天長短三千首，卻愛韋郎五字詩。』亦明說香山之重韋。豈至坡始發其秘耶？」（卷十一）趙翼只論蘇州，其實柳州之價値蘇東坡前亦有司空圖論之。雖然如此，但韋、柳並配淵明而目韋、柳爲一派者則當首推蘇軾。

②前人推崇韋、柳多稱其五言詩。葛立方《韻語陽秋》云：「韋應物詩平平處甚多，至於五字句，則超然出於畦徑之外。」惠棟《漁洋山人精華錄訓纂》云：「元遺山詩：『只應畫戟清香地，多欠韋郎五字詩。』又云：『春雲可是多姿態，五字韋郎畫不成。』東坡《次韻魯直書伯時畫王摩詰》詩：『前身陶彭澤，後身韋蘇州，欲覓王右丞，還嚮五字求。』」楊萬里《誠齋詩話》云：「五言古詩，句雅淡而味深長者，陶淵明、柳子厚也。」管世銘《讀雪山房唐詩序例》：「昌黎之七古，柳州之

五古，李、杜、韋之外，亦孑焉寡儔。」

③《列子・湯問篇》：「鄭師文……從師襄游，柱指鉤絃，三年不成章。師襄曰：子可以歸矣。師文捨其琴，歎曰：文非絃之不能鉤，非章不能成，文所存者不在絃，所志者不在聲耳。」蕭統《昭明太子集・陶靖節傳》：「淵明不解音律，而蓄無絃琴一張，每酒適，輒撫弄，以寄其意。」沈約《宋書・隱逸傳》：「潛不解音聲，而蓄素琴一張，無絃，每有酒適，輒撫弄以寄其意。」陶淵明詩云：「但識琴中趣，何勞絃上聲。」按：王士禛所謂「無聲絃指」即王士禛多次標舉的「不著一字，盡得風流」的境界。

④蘇軾《東坡題跋》卷二《評韓柳詩》云：「柳子厚詩，在陶淵明下，韋蘇州上。」《彥周詩話》云：「柳柳州詩，東坡云在陶彭澤下，韋蘇州上。若《晨詣超師院讀佛經》詩（按，詩云：「汲井漱寒齒，清心拂塵服。閒持貝葉書，步出東齋讀。眞源了無取，妄跡世所逐。遺言冀可冥，繕性何由熟。道人庭宇靜，苔色連深竹。日出霧露餘，青松如膏沐。澹然離言說，悟悅心自足。」），是公論也。」但朱熹云：「蘇州高於王維、孟浩然諸人，以其無聲色臭味也。」（《晦庵詩話》）已最推韋應物。王世貞《藝苑卮言》亦云：「韋左司平淡和雅爲元和之冠，……柳柳州刻削雖工，去之稍遠。」王士禛《古夫于亭雜錄》云：「余少時在廣陵，有句云：『露檻警孤鶴，風櫺散叢菊。』汪鈍翁《說鈴》取此一聯，云：『二句已逗漏柳柳州矣。』今全篇刪去，不載集中。蓋余《論詩絕句》云：『風懷澄澹推韋柳，佳處多從五字求；解識無聲絃指妙，柳州那得並蘇州？』與東坡之論特相反，故鈍翁云

云。」其持論與朱熹、王世貞相近。宗廷輔《古今論詩絕句》謂：軒韋輊柳，自是先生獨見」，誤矣。

翁方綱《石洲詩話》卷八云：「《許彥周詩話》：『東坡云：柳子厚詩在陶彭澤下、韋蘇州上。』先生《分甘餘話》：『東坡此言誤矣。予更其語曰：韋詩在陶彭澤下柳柳州上。』按王弇州《藝苑卮言》曰：『韋左司平淡古雅，柳柳州刻削雖工，去之稍遠。』此論與漁洋相似。然而遺山《論詩絕句》自注曰：『柳子厚，唐之謝靈運；陶淵明，晉之白樂天。』此實上下古今之定品也。其不以柳與陶並言，而言其繼謝；不以陶與韋並言，而言其似白者，蓋陶與白皆蕭散閑適之品；謝與柳皆蘊釀神秀之品也。漁洋先生不喜白詩，故獨取韋以繼陶也。獨取韋以繼陶，則竟云陶、韋可矣，奚其必取柳以居陶、韋之次乎？且以漁洋之意推之，則有孟浩然、祖詠一輩人皆可以繼陶者，然必其及柳乎？則必曰但取中唐時人，不得不以柳並言耳。是則因言陶、韋而及之，猶若局於東坡之論矣。夫東坡之言陶、柳、韋也，以詩品定之也，非專以襟抱閒曠定之也。若專以襟袍閒曠定之，則以陶、韋並稱足矣，不必系以柳矣。若以詩論，則詩教溫柔敦厚之旨，自必以理味事境爲節制，即使以神興空曠爲至，亦必於實際出之也。風人最初爲送別之祖，其曰『瞻望弗及，泣涕如雨』，必衷之以『秉心塞淵』，『淑慎其身』也。《雅》什至《東山》，曰『零雨其濛』，『我心西悲』，亦必實之以『鸛鳴於垤』，『有敦瓜苦』也。況至唐右丞、少陵，事境益實，理味益至。後有作者，豈得復空舉絃外之音，以爲高挹群言者乎？漁洋生於李、何一輩冒襲僞體之後，欲以沖淡矯之，此亦勢所不得不然。而究以詩家上下原委，核其實際，則斷以遺山之論爲定耳。」

以韋應物詩源自陶淵明，後人無甚異議。而柳宗元詩的淵源所自則有不同意見。其一種意見以柳詩源自陶淵明，蘇東坡即持此說，已見上引。楊萬里《誠齋詩話》云：「五言古詩，句雅淡而味深長者，陶淵明、柳子厚也。」是以柳子厚淵源自陶淵明。《竹莊詩話》卷八引韓子蒼云：「淵明詩，惟韋蘇州得其清閒，尙不得其枯淡。柳州獨得之，但恨其少遒耳。柳詩不多，體亦備衆家，惟倣陶詩，是其性所好，獨不可及也」沈德潛《說詩晬語》卷上謂：「陶詩胸次浩然，其中有一段淵深樸茂不可到處。唐人祖述者……柳儀曹有其峻潔。」是皆以柳詩宗陶。而又有一派意見認爲柳子厚深得騷學。嚴羽《滄浪詩話》云：「唐人惟柳子厚深得騷學，退之、李觀皆所不及。」陸時雍《詩鏡總論》謂：「劉夢得七言絕，柳子厚五言古，俱深於哀怨，謂騷之餘派可。」施補華《峴傭詩詩》曰：「柳子厚幽怨有得騷旨而不甚似陶公。」喬億《劍溪說詩》卷上謂「柳州哀怨，騷人之苗裔。」此外，尙有一說以爲柳宗元詩學謝靈運，持此論最有代表性者則是元好問。元好問在其《論詩絕句》附注中云：「柳子厚，唐之謝靈運。」而翁方綱贊同此說（引文見上）。

由上述對柳宗元詩淵源之不同的見解可以看出柳州詩的複雜性。蓋以柳州詩與蘇州並追配淵明者，是從詩歌所體現出的襟懷言，韋、柳詩皆有近於淵明之襟抱處。《劍溪說詩》云：「韋左司詩，澹泊寧靜，居然有道之士。《國史補》稱『韋性高洁，鮮食寡欲』，今讀其詩，益信其爲人。」賀裳《載酒園詩話》：「韋詩皆以平心靜氣出之，故多近於有道之言。」《峴傭說詩》稱「後人學陶，以韋公爲最深，蓋其襟懷澄澹，有以契之也。」子厚詩亦有襟懷澄澹的一面，如《晨詣超師院讀佛經》詩云：「眞源了無取，妄跡世所逐。……澹然离言說，悟悅心自足。」柳其他傚陶諸詩，亦是有道之言。然而柳詩尚有另一面。作爲一個政治家，柳宗元參與了王叔文改革，事敗，一貶邵州刺史，再貶永州司馬，「既罹竄逐，涉履蠻瘴，崎嶇堙厄，蘊騷人之郁悼，寫情敘事，動必以文，爲騷文十數篇，覽之者爲之悽惻。」（《舊唐書·柳宗元傳》）其實不獨是文，其詩亦流露出哀怨之情。《蔡寬夫詩話》云：「子厚之貶，其憂悲憔悴之嘆，發於詩者，特爲酸楚。閔已傷志，固君子所不免，然何以至是，卒以憤死，未爲達理也。」（《苕溪漁隱叢話》前集卷十九）論者以其詩深得騷學即是指此而言。柳詩中的這種幽怨之情表明柳宗元并沒有眞正達到超脫而具有澄澹之胸襟。由胸襟而體現於詩，則柳詩之於閒澹處終不及陶、韋。故施補華謂其「不甚似陶公」，「蓋其怡曠氣少，沈至語少也。」（《峴傭說詩》）賀裳謂「韋眞有曠達之懷，柳終帶排遣之意。詩爲心聲，自不可強。」（《載酒園詩話又編》）

王漁洋此詩評韋、柳先以襟懷澄澹論之。漁洋《古懽錄自序》稱「士大夫高尚其志，或襟懷夷曠得仁志之樂」者，於唐僅取王右丞、韋蘇州，不及柳宗元。可見，在王漁洋看來，柳宗元在襟懷澄澹這一點上確乎不逮韋應物。翁方綱也承認此點，謂「若以襟抱閒曠定之，則以陶、韋並稱足矣，不必系以柳矣」，則漁洋之軒韋輊柳，此當是一大端。

韋、柳之別在藝術上亦有體現。韋詩自然，柳詩精工。《竹莊詩話》卷一引《蔡百衲詩評》云：「韋蘇州詩，如渾金璞玉，不假雕琢成妍，唐人有不能到。」李東陽《麓堂詩話》謂「柳子厚則過於精刻」，王世貞《藝苑卮言》亦云：「柳柳州刻削雖工，去之稍遠。」胡震亨《唐音癸籤》引劉履語：「柳子厚詩，世與陶、韋並稱，然子厚之工緻，乃不若蘇州之蕭散自然。」（卷七）清人除王漁洋外，賀裳《載酒園詩話又編》謂：「韋無造作之煩，柳極鍛煉之力。」闕名《靜居緒言》云：「韋特自然，柳多作意。」由此而言，韋詩自然無作意更近乎淵明，以柳詩淵源淵明者大多指摘其有作意，而這一點又與謝靈運相類，故元好問等又擬之謝靈運。翁方綱謂謝靈運、柳宗元詩「皆蘊釀神秀之品也」，以蘊釀而至神秀必然有作意。謝榛《四溟詩話》卷四謂：「自然妙者爲上，精工者次之，此著力不著力分，學之者不必專一而逼眞也。專於陶者失之淺易，專於謝者失之餖飣。」以陶爲自然而謝爲精工。王世貞《藝苑卮言》卷一謂：「西京建安，似非琢磨可到……三謝固自琢磨而得，然琢磨之極，妙亦自然。」本來自然與由琢磨而臻自然之境尚有區別，這即是逸品與神品之區別，一無作意而一有作意。

漁洋論詩主自然而反作意，其《分甘餘話》謂：「曹頌嘉（禾）祭酒常語余曰：杜、李、韓、蘇四家歌行，千古絕調，然語句時有利鈍。先生長句，乃句句用意，無瑕可攻，擬之前人，殆無不及。余曰：唯句句作意，此所以不及前人也。」曹氏所用以恭維漁洋者恰其所不屑者。漁洋主張作詩要佇興而就，《漁洋詩話》上謂：「蕭子顯云：『登高極目，臨水送歸；蚤雁初鶯，花開葉落。有來斯應，每不能已；須其自來，不以力搆。』王士源序孟浩然詩云：『每有製作，佇興而就。』余平生服膺此言。」

以漁洋之論詩宗旨言，其軒韋輊柳，亦所必然。

從藝術表現而言，柳宗元詩品精工體現在對景物的描繪刻劃上，這一點正繼承了謝靈運詩的傳統。錢鍾書云：「謝靈運和柳宗元的風景詩都是刻劃細致的，所以元好問《論詩絕句》說：『謝客風容映古今，發源誰似柳州深？』自注：『柳子厚，宋之謝靈運。』宋長白恰好把謝靈運的詩比於北宗畫：『紀行詩前有康樂，後有宣城。譬之於畫，康樂則堆金積粉，北宗一派也；宣城則平遠閒曠，南宗之流也。』（《柳亭詩話》卷二八）若把元好問的話引申，柳宗元也就是『北宗一派』。無怪王士禛《戲倣元遺山論詩絕句》對柳宗元有貶詞：『風懷澄澹推韋柳，佳處多從五字求。解識無聲絃指妙，柳州那都並蘇州。』『無聲絃指妙』，就是『不著一字，盡得風流』的另一說法。」（《舊文四篇・中國詩與中國畫》）

韋詩由襟懷之澄澹閒曠，則其內心深處是平靜的，其情感或情緒的流露「皆以平心靜氣出之」，而其賦予情感以形式的過程是自然的，這諸方面的因素體現在韋蘇州之作品中所形成的藝術風格便是漁洋《五言詩凡例》中所謂古澹。漁洋在《師友詩傳錄》中謂六代惟有陶淵明、三唐惟韋蘇州可以追及秦漢之作，其推崇可謂至矣。柳宗元亦有達道之語，有趨於澹的一面，但其終未超脫，內心是不平靜的，常有怨憤之氣，其表現於詩亦不免哀怨，「終帶排遣之意」，而這恰恰是與澹不相容的。王漁洋、沈德潛謂柳詩峻潔。潔雖非澹，然可通於澹，惟有潔才能澹。但峻實非澹所能範圍矣。《竹莊詩話》卷一引《蔡百衲詩評》云：「柳子厚詩雄深簡澹……然似入武庫，但覺森嚴。」所謂雄深，即是峻之體現。張謙宜《絸齋詩談》卷五謂柳河東「此公筆力峭勁」，所謂「峭勁」亦即峻之謂也，峻所造成的森嚴感顯然與澹不同。

站在神韻的角度來比較韋、柳詩，柳宗元顯然是不夠格的，故漁洋論詩多以陶、韋並稱，或獨稱韋應物。而《五言詩選》並稱韋、柳乃是就二人都能在唐詩中復古而言的。

八

中興高步屬錢郎，拈得摩詰一瓣香。①
不解雌黃高仲武，長城何意貶文房。②

注：

①錢、郎：錢起、郎士元。《新唐書·文藝傳》曰：「錢起與郎士元齊名。時語曰：前有沈宋，後有錢郎。」高仲武《中興間氣集》卷上云：「（錢起）員外詩，體格新奇，理致清贍，越從登第，挺冠詞林。文宗右丞，許以高格。右丞沒後，員外爲雄。芟齊宋之浮游，削梁陳之靡嫚。迥然獨立，莫之與群。且如『鳥道挂疎雨，人家殘夕陽』，又『牛羊上山小，煙火隔林疎。』又『長樂鐘聲花外盡，龍池柳色雨中深。』皆特出意表，標雅古今。又『窮達戀明主，耕桑亦近郊。』則禮義克全，忠孝兼著，足可弘長名流，爲後楷式。士林語曰：前有沈宋，後有錢郎。」又《中興間氣集》卷下論郎士元曰：「河嶽英奇，人倫秀異。自家形國，遂擁大名。右丞以往，與錢更長。自丞相已下，更出作牧。二公無詩祖餞，時論鄙之。兩君體調，大抵欲同。就中郎公稍更閒雅，近於康樂。如『荒城背流水，遠雁入寒云。』『去鳥不知倦，遠帆生暮愁。』又『蕭條夜靜邊風吹，獨倚營門向秋月』，

可以齊衡古人，掩映時輩。又『暮蟬不可聽，落葉豈堪聞。』古謂謝脁工於發端，比之於今，有慚沮矣。」

②劉長卿，字文房。《中興間氣集》卷下：「長卿有史幹，剛而犯上，兩遭遷謫，皆自取之。詩體雖不新奇，甚能鍊飾。大抵十首已上，語意稍同，於落句尤甚。思銳才窄也。如『草色加湖綠，松聲小雪寒。』又『沙鷗驚小吏，湖色上高枝。』又『細雨濕衣看不見，閒花落地聽無聲。』截長補短，蓋絲之纇歟。其『得罪風霜苦，全生天地仁』，可謂傷而不怨，亦足以發揮風雅矣。」高仲武於劉長卿詩略有貶抑，王士禛對其論頗不滿，故有「不解雌黃」云云。清成教《石園詩話》卷一云：「劉隨州（長卿）以詩馳聲上元、寶應間。權德輿謂爲『五言長城。』皇甫湜歎『時人詩無劉長卿一句，已呼宋玉爲老兵；語未有駱賓王一字，已駕宋玉爲罪人矣。』高仲武云：『（見上引文）』愚謂仲武選肅、代兩朝詩爲《中興間氣集》，而其自作不傳，是亦無長卿一句而善於攻人短者也。」其對高仲武貶低劉長卿亦不滿。

漁洋此詩乃針對高仲武《中興間氣集》而發。高仲武以錢、郎並稱，而於劉長卿則稍貶抑之。王士禛對其推尊錢、郎並無異議，但對其獨抑劉長卿則甚爲不滿。

唐詩到中唐逐漸出現了與盛唐不同的面貌。《四庫全書總目提要》云：「大曆以還，詩格初變。開、寶渾厚之氣，漸遠漸漓。風調相高，稍趨浮響。升降之關，十子實爲之職志。起與郎士元其稱首也。然溫秀蘊藉，不失風人之旨。前輩典型，猶有存焉。」（卷一五〇「錢仲文集」條）蓋安史之亂以後，唐王朝由盛轉衰，開元盛世只能成爲人們美好的回憶。這種巨大的社會變化也在詩歌領域裡得以表現。盛唐詩歌總的情調是昂揚的，即使是王、孟一派表現隱逸生活的山水田園詩也全然沒有感傷的情調，而是一種怡悅自得的心境。在中唐詩歌中，盛唐那種昂揚的情調逐漸沉潛而爲一種清冷、落寞的情調。與這種情調上的變化相應，在藝術表現及藝術風格上也出現了變化。陸時雍《詩鏡總論》云：「中唐詩近收斂。境斂而實，語斂而精。勢大將收，物華反素。盛唐鋪張已極，無復可加，中唐所以一反而之斂也。初唐人承隋之餘，前華已謝，後秀未開，聲欲啓而尙留，意方涵而不露，故其詩多希微玄澹之音。中唐反盛唐之風，攢意而取精，選言而取勝，所謂綺繡非珍，冰紈是貴，其致迥然異矣。」然其病在雕刻太甚，元氣不完，體格卑而聲氣益降，故其詩往往不長於古而長於律，自有所由來矣。」昂揚的情調是擴張的，而冷寂的情調則是內斂的，陸時雍以收斂來概括中唐詩在藝術上的變化，相當準確。這表現在幾個方面：一、境界由渾厚而漸薄，開元、天寶詩的渾厚之氣正是來自於那個時代人們的昂揚的情調，這種向外擴張的情調表現在藝術上就是一種充滿力的宏闊的審美空間，進入這一審美空間會有一種渾厚的感覺。但在中唐，昂揚的情調已爲冷寂所代替，那種充滿張力的渾厚之境自然收斂，審美空間變得狹小了。二、色調由高華到清秀，盛唐詩的主體色調是高華，這和其昂揚的情調有關，給人以興奮的感覺，而中唐詩的主體色調是秀，給人以冷靜的感覺。三、藝術表現上時露工巧。四、以律詩見長。表現出這種轉變的是劉長卿、錢起、郎士元等詩人。《四庫全書總目提要》認爲錢、郎之「溫秀蘊藉」有繼承盛唐的一面，蓋王維詩原亦有一種秀雅者，此爲錢起、郎士元所繼承。但王維詩中的渾厚之氣在錢、郎詩中已經所存不多。又劉熙載《藝概》卷二云：「錢仲文（起）、郎君胄（士元）大率衍王、孟之緒，但王、孟之渾成，卻非錢、郎所及。」此言錢、郎上承盛唐，但不若其渾成自然。

高仲武以錢、郎並稱而稍抑劉長卿，但其後郎士元的地位逐漸下降，劉長卿之地位則逐漸上升。葛立方《韻語陽秋》卷四云：「錢起與郎士元齊名，時人語曰：『前有沈、宋，後有錢、郎』。然郎豈敢望錢哉？起《中書遇雨》詩云：『雲銜七曜起，雨拂九門來。』《宴李監宅》云：『晚鐘過竹靜，醉客出花遲。』《罷官後》云：『秋堂入閒夜，雲月思離居。』《對雨》云：『生事萍無定，秋心雲不開。』亦可謂奇句矣。士元詩豈有如此句乎？《贈蓋少府新除江南尉》云：『客路尋常隨竹影，人家大抵傍山嵐。』《題王季友半日村別業》云：『長溪南路當群岫，半景東鄰照數家。』此何等語？余讀其詩，盡帙未見有可喜處，以是知不及起遠甚。」此對郎已大有貶意，以至後人遂多以錢、劉並稱。

以錢起、郎士元、劉長卿三者相較，錢、郎所帶有的盛唐餘韻更多一些，而劉長卿的中唐面目更典型一些。王世貞《藝苑卮言》卷四云：「錢、劉並稱故耳，錢似不及劉。錢意揚，劉意沉；錢調輕，劉調重。如『輕寒不入宮中樹，佳氣常浮仗外峰』，是錢最得意句，然上句秀而過巧，下句寬而不稱。劉結語『匹馬翩翩春草綠，邵陵西去獵平原』，何等風調；『家散萬金酬士死，身留一劍答君恩』，自是壯語。」王世貞所謂錢意揚、劉意沉者正道出了盛唐與中唐的分界來。其所舉錢起詩頗得盛唐此類一詩的典麗，亦有恢宏的氣象。其所舉劉長卿詩甚有氣勢，亦有力度，但律以盛唐則渾厚不足。胡應麟《詩藪》內編卷五云：「詩至錢、劉，遂露中唐面目。錢才遠不及劉，然其詩尙有盛唐遺響，劉即自成中唐與盛唐分道矣。劉如『建牙吹角』一篇，即盛唐難之，然自是中唐詩。」

再以郎士元與劉長卿相較，亦是如此。胡應麟云：「劉文房『東風吳草綠，古木剡山深』，『野雪空齋掩，山風古殿開』，色相清空，中唐獨步。郎君胄『春色臨關盡，黃雲出塞多』，『河源飛鳥外，雪嶺大荒西』，句格雄麗，天寶餘音。然劉集佳製甚多，郎二韻外，無可錄者。」（《詩藪》內編卷四）值得注意的是，錢、郎詩雖帶盛唐遺響，但王世貞、胡應麟卻對劉評價獨高，這與高仲武不同。其實劉長卿原是開寶間進士，遠早於錢、郎，《全唐詩》編其詩於李杜之前，但他何以被作爲中唐詩的代表呢？賀裳《載酒園詩話又編》云：「昔人編詩，以開元、大曆初爲盛唐，劉長卿開元、至德間人，列之中唐，殊不解其故。細閱其集，始知之。劉有古調，有新聲。盛唐人無不高凝整渾，隨州短律，始收斂氣力，歸于自然，首尾一氣，宛若面語。其後遂流爲張籍一派，益事流走，景不越於目前，情不踰于人我，無復高足闊步，包括宇宙，綜攬人物之意。雖孟襄陽詩，亦有因語眞而意近，以機圓而體輕者，然不佻不纖。隨州始有作態之意，實溽暑中之一葉落也。」洪亮吉《北江詩話》卷五亦云：「劉長卿，開、寶進士，《全唐詩》編在李、杜以前，蓋計其年代，實與王、孟同時。然詩體格既殊，用意亦迥別。前人以長卿冠『大曆十子』，蓋以詩境而論。實異於開、寶諸公耳。即如同一謫官也，摩詰則云：『執政方持法，明君無此心。』不特善則歸君，亦可云婉而多風矣。若文房之

《將赴嶺外留題蕭寺遠公院》則直云：『此去播遷明主意，白雲何事欲相留？』殊傷於婞直也。孟浩然之『不才明主棄』，亦同此病，宜其見斥於盛世哉。劉、孟之不及王，亦以此。」賀裳、洪亮吉從不同角度對劉長卿與盛唐詩作了比較。盛唐詩「高足闊步，包括宇宙，綜攬人物」，正是所謂渾厚，正所謂境界宏闊，這種境界到劉長卿已漸近漸狹，讀其詩猶面談；盛唐詩含蓄，劉詩已稍嫌直露。

王士禛對劉長卿之七律甚爲推崇，認爲「唐人七言律，以李東川、王右丞爲正宗，杜工部爲大家，劉文房爲接武」（《師友詩傳錄》），又謂「七律宜讀王右丞、李東川，尤宜熟玩劉文房諸作」（《然燈紀聞》）。劉長卿七律以工秀見長，沈德潛謂「七律至隨州工絕亦秀絕矣，然前此渾厚兀奡之氣不存。」（《唐詩別裁集》卷十四）漁洋要人熟玩其詩，蓋其工秀有蹊徑可尋，較易於入手。劉長卿號稱「五言長城」，而其五言之所長亦在近體。沈德潛《唐詩別裁集》云：「中唐詩漸秀漸平，近體句意日新，而古體頓減渾厚之氣矣。權德輿推文房爲五言長城，亦謂其近體。」王士禛《論詩絕句》謂「長城何意貶文房」，可見其對劉長卿五言近體也甚推重。

高仲武以語意雷同、思鋭才窄爲劉氏詩病，王世貞在稱賞其詩的同時，也指出其這一缺點，《藝苑巵言》卷四云：「劉隨州五言長城，如『幽州白日寒』語，不可多得。惜十章以還，便自雷同，不耐檢。」此說同高仲武。《四庫全書總目提要》卷一五〇「劉隨州集」條稱「長卿詩號五言長城，大抵研鍊深穩，而自有高秀之韻。其文工於造語，亦如其詩，故於盛唐中唐之間，號爲名手。但才地稍弱，是其一短。高仲武《中興間氣集》病其十首以後，語意略同，可謂識微之論。王士禛《論詩絕句》乃云：『不解雌黃高仲武，長城何意貶文房。』非篤論也。」又云：「仲武持論頗矜愼，其謂劉長卿十首以後語意略同，落句尤甚。鑒別特精，而王士禛《論詩絕句》獨非之。蓋士禛修詞之功多於鍊意，其模山範水，往往自歸窠臼，與長卿所短頗同。殆以中其所忌，故有此自護之論耶。」（卷一八六，「中興間氣集」條）亦贊同高仲武之論，而對王士禛推尊劉長卿甚爲不滿。

九

草堂樂府擅驚奇，①　杜老哀時托興微。②

元白張王皆古意，③　不曾辛苦學妃豨。④

注：

①惠棟《漁洋山人精華訓纂》：「《唐書・藝文志》有李白《草堂集》二十卷，李陽冰錄，首載樂府。」金榮《漁洋山人精華錄箋注》：「胡宗愈《成都草堂先生詩碑序》：『草堂先生謂子美也。草堂，子美之故居，因其所居而號之曰草堂先生。』」草堂樂府當指李白的樂府。前二句一論李白，一論杜甫，若以草堂指杜甫，則首二句重複矣。葛立方《韻語陽秋》：「李白樂府三卷，於三綱五常之道數致意焉。慮君臣之義不篤也，則有《君道曲》之篇，……慮父子之義不篤也，則有《東海勇婦》之篇，……慮兄弟之義不篤也，則有《上留田》之篇，……慮朋友之義不篤也，則有《箜篌謠》之篇，……慮夫婦之情不篤也，則有《雙燕離》之篇。」謝榛《四溟詩話》卷一云：「江淹有《古離別》，梁簡文、劉孝威皆有《蜀道難》，及太白作《古離別》、《蜀道難》，乃諷時事，雖用古題，體格變化，若疾雷破山，顛風簸海，非神於詩者不能道也。」王世貞《藝苑卮言》卷四云：「太白古樂

府，窈冥惝怳，縱橫變幻，極人才之致。然自是太白樂府。」胡應麟《詩藪》：「樂府則太白擅奇古今，……《蜀道難》、《遠別離》等篇，出鬼入神，惝怳莫測。」

②王世貞《藝苑卮言》卷四：「青蓮擬古樂府，以己意己才發之，沿六朝舊習，不如少陵以時事創新題也。少陵自是卓識，惜不盡得本來面目耳。」胡應麟《詩藪》云：「樂府……少陵嗣跡風雅，……《石壕吏》、《新婚別》、《哀王孫》等作，述情陳事，懇惻如見。」許學夷《詩源辯體》卷十九：「五七言樂府，太白雖用古題，而自出機軸，故能超越諸子；至子美則自立新題，自創己格，自敘時事，視諸家紛紛範古者，不能無厭。」胡震亨《唐音癸籤》卷九：「擬古樂府，至太白幾無遺憾，以爲樂府第一手矣。誰知又有杜少陵出來，嫌模擬古題爲贅賸，別製新題，詠見事，以合風人刺美時政之義。盡跳出前人圈子，另換一番鉗鎚，覺在古題中翻弄者仍落古人窠臼，未爲好手。」潘德輿《養一齋李杜詩話》云：「蔡氏絛曰：『齊、梁以來文士，喜爲樂府辭，往往失其命題本意。《烏生八九子》但詠烏，《雉朝飛》但詠雉，甚有并其題而失之者，如《相府蓮》訛爲《想夫憐》，《楊婆兒》訛爲《楊叛兒》之類。惟老杜《兵車行》、《悲青坂》、《無家別》等篇，皆因時事，自出己意立題，略不更蹈前人陳跡，眞豪傑也。』按蔡氏此論，最得樂府眞處。詩爲樂心，本以言志，若樂府必作古人題目，摹古人聲調，是詩莫古於樂府，亦莫卑於樂府矣。王氏嗣奭謂『杜公《曲江三章》學《三百》，《七歌》學《離騷》，《新安吏》諸作學古樂府，俱自開堂奧，不肯優孟衣冠，』張氏綖謂『李、杜二公齊名，李集中多古樂府之作，而杜公絕無樂府，惟《前、後出塞》諸首耳。然

又別出一格，用古體寫今事，大家機軸，不主故常』。胡氏應麟謂『少陵不傚四言，不仿《離騷》，不用樂府舊題，是此老胸中壁立處。』黃氏生謂『六朝好擬古，往往無其事而假設其詞。杜詩詞不虛發，必因事而設，此即修詞立誠之旨』。王氏士禛謂「《新婚》、《無家》諸別，《石壕》、《新安》諸吏，《哀江頭》、《兵車行》諸篇，皆樂府之變也。滄溟詩名冠代，祇以樂府摹擬割裂，遂生後人詆毀，則樂府寧爲其變，不可以字句比擬也明矣。』諸說皆可與蔡氏之論相證合。總之，杜有樂府而無樂府，無樂府之樂府，乃樂府眞處，而非後世所可及也。又沈氏德潛曰：『唐人達樂者已少，其樂府題，不過借古人體製，寫自己胸臆耳，未必盡可被之管絃也。』據此則後世詩人本宜自創一題，詠歌時事，沿襲舊題，情理未篤。故余竊謂杜之樂府，非變也，眞也；今之好沿樂府題者，非古也，僞也。若于鱗之比擬字句，更不足笑矣。」

③元稹《元氏長慶集》卷二十三《樂府古題序》云：「況自風雅至於樂流，莫非諷興當時之事，以貽後代之人。沿襲古題，唱和重複，於文或有短長，於義咸爲贅賸，尚不如寓意古題，刺美見事，猶有詩人引古以諷之義焉。曹、劉、沈、鮑之徒，時得如此，亦復稀少。近代唯詩人杜甫《悲陳陶》、《哀江頭》、《兵車》、《麗人》等，凡所歌行率皆即事名篇，無復依旁。予少時與友人樂天、李公垂輩，謂是爲當，遂不復擬賦古題。」《白居易集》卷三《新樂府序》曰：「篇無定句，句無定字；系於意，不系於文。句首標其目，卒章顯其志，《詩三百》之義也。其辭質而徑，欲見之者易諭也；其言直而切，欲聞之者深誡也；其事核而實，使采之者傳信也；其體順而肆，可以播於樂章歌曲也。總

而言之，爲君、爲臣、爲民、爲物、爲事而作，不爲文而作也。」《唐音癸籤》卷七引陳繹曾語云：「白詩祖樂府，務欲爲風俗之用。元與白同志，白意古詞俗，元詞古意俗。」李調元《雨村詩話》卷下：「白樂天《新樂府》，夭矯變化，用筆不測，而起承轉收井然。其規諷勸戒，直是理學中古文，不可作詞章讀。元微之則宛然柔媚女郎詩矣。世稱元、白，元何能如白也。」二説軒白輕元，與漁洋微有不同。張、王，張籍、王建。白居易《讀張籍古樂府》曰：「張君何爲者？業文三十春，尤工樂府詩，舉代少其倫。爲詩意如何，六義互鋪陳，風雅比興外，未嘗著空文。讀君《學仙》詩，可諷放佚君；讀君《董公》詩，可誨貪暴臣；讀君《商女》詩，可感悍婦仁；讀君《勤齊》詩，可勸薄夫淳。上可裨教化，舒之濟萬民；下可理情性，卷之善一身。」（《白居易集》卷一）高棅《唐詩品彙》：「大曆以還，古聲愈下。獨張籍、王建二家體制相似，稍復古意。或舊曲新聲，或新題古義，詞旨通暢，悲歡窮泰，慨然有古歌謠之遺風，皆名爲樂府，亦唐世流風之變，而得其正也。」許學夷《詩源辯體》卷二十七：「樂府七言二公又是一家。王元美云：『樂府之新貴者，事與情而已。張籍善言情，王建善徵事，而境皆不佳。』馮元成謂『較李杜歌行，判若河漢』是也。愚按：二公樂府，意多懇切，語多痛快，正元和體也。然析而論之，張造古淡，較王稍爲婉曲，王則語語痛快矣。」翁方綱《石洲詩話》卷二云：「張王樂府，天然清削，不取聲音之大，亦不求格調之高，此眞善於紹古者。」李調元《雨村詩話》卷下：「王建、張籍樂府，何曾一字險怪，而讀之入情入理，與漢魏樂府並傳。」王士禛《蠶尾續文》：「逮於有唐，李、杜、韓、柳、元、白、張、王、李賀、孟郊之輩，皆有冠古之才，不沿齊梁，不襲漢魏，因事立題，號稱樂府之變。」

④王士禛《池北偶談》卷十一：「鄭漁仲曰：『繼三代之作者，樂府也。樂府之作，宛同風雅。今之行於世者，章句雖存，聲樂無用。崔豹之徒，以義說名；吳兢之徒，以事解目：蓋聲失則義起，樂府之道幾乎熄矣。』此言樂府原爲詩樂之用，而事義則必有所由起，均不可廢也。愚謂風雅之後有樂府，如唐詩之後有詞曲。聲聽之變，有所必趨；情辭之遷，有所必至。古樂之不可復久矣，後人之不能漢魏，猶漢魏之不能風雅，勢使然也。如漢《朱鷺》、《翁離》之作，魏晉諸臣擬之，以鳴其一代之事，易名別調，各極其長，豈以古今同異爲病哉？後世文士如李太白，則沿其目而革其詞，杜子美、白樂天之倫，則創爲意而不襲其目，皆卓然作者，後世有述焉。近乃有擬古樂府者，遂顓以擬名。其說但取漢魏所傳之詞，句橅而字合之。中間豈無『陶』、『陰』之誤，『夏五』之脫？悉所不較。或假借以附益，或因文以增損，跼蹐床屋之下，探胠滕篋之間，乃藝林之根蝨，學人之路阱矣。以此語於作者之門，不亦悪乎！夫才有長短，學有通塞，取古今之人一一強同，則千里之謬，不容秋毫，肖貌之形，難爲覥面。若曰樂府，則樂府矣，盡人而能爲樂府也。若曰必此爲古樂府，使與古人同曹而並奏之，其何以自容哉？李于鱗曰：『擬議以成其變化。』噫！擬議將以變化也，不能變化而擬議，奚取焉？予知其不可而不能不爲也，第命曰古樂府，而不敢以『擬』稱云。右蒙陰公文介公孝與（鼐）樂府自序也。虞山錢牧翁嘗亟取東阿于文定公論樂府之說，不知文介此論與文定若合符節。予嘗見一江南士人擬古樂府，有『妃來呼豨豨知之』之句。蓋樂府『妃呼豨』皆聲而

無字，今誤以妃爲女，呼爲喚，豨爲豕，湊泊成句，是何文理？因於《論詩絕句》著其說云：『草堂樂府擅驚奇，杜老哀時託興微。元白張王皆古意，不曾辛苦學妃豨！』亦于公二公之緒論也。」

王士禛對樂府的發展過程作過論述，其《蠶尾續文》云：「樂府之名，其來尚矣。世謂始於漢武，非也。按《史記》高祖過沛詩《三侯之章》，又令唐山夫人爲《房中之歌》，《西京雜記》又謂戚夫人善歌《出塞》、《入塞》、《望歸曲》，則樂府始於漢初。武帝時，增《天馬》、《赤蛟》、《白麟》等十九章，以李延年爲協律都尉，集五經之士，相與次第其聲，通知其意，而樂府始盛。其云始於武帝者，託始焉爾。東漢之末，曹氏父子兄弟雅擅文藻，所爲樂府，悲壯奧崛，頗有漢之遺風。降及江左，古意寖微，而清商繼作，於是楚調、吳聲、西曲、南弄，雜然興焉。」

王士禛認爲樂府到唐代又發生了變化，「初唐人擬《梅花落》、《關山月》等古題，大概五律耳。盛唐如杜子美之《新婚》、《無家》諸別，《潼關》、《石壕》諸吏，李太白之《遠別離》、《蜀道難》，則樂府之變也。中唐如韓退之《琴操》，直溯兩周；白居易、元稹、張籍、王建創爲新樂府，亦復自成一體。……至於唐人王昌齡、王之渙，下逮張祜諸絕句，《楊柳枝》、《水調》、《伊州》、《石州》等辭，皆可歌也。」（《師友詩傳續錄》）漁洋又云：「樂府者，繼《三百篇》而起者也。唐人唯韓之《琴操》最爲高古。李之《遠別離》、《蜀道難》、《烏夜啼》，杜之《新婚》、《無家》諸別，《石壕》、《新安》諸吏，《哀江頭》、《兵車行》諸篇，皆樂府之變也。降而元、白、張、王，變極矣。元次山、皮襲美補古樂章，志則高矣，顧其離合，未可知也。唐人絕句，如『渭城朝雨』、『黃河遠上』諸作，多被樂府，止得《風》之一體耳。」元代樂府漁洋推楊維楨，而於明代推李東陽，認爲他們所作樂府又是「變之變」（《師友詩傳錄》）雖然「古意寖遠」，「然皆不相蹈襲」，能夠自成一家。

王漁洋對樂府發展過程的考察主要著眼於變化。王士禛肯定了樂府變的合理性，而反對摸擬樂府。漁洋亦考察了歷來擬作者之得失，認爲陸機、江淹是最善擬古者，并引馮班之語云：「江、陸擬古詩，如搏猛虎、禽生龍，急與之角力不暇，氣格悉敵。」而此後傅玄《燕歌行》擬前人「一顧傾人城，再顧傾人國」作「一顧傾朝市，再顧國爲墟」，漁洋以爲「呆拙之甚」，是「點金成鐵」（《池北偶談》卷十七）。

明後七子之首李攀龍是擬古詩的倡導者和實踐者。他主張「擬議以成其變化」，并創作了不少擬樂府詩。當時胡應麟，曹學佺等對此已有不滿，錢謙益《列朝詩集小傳》對此更猛烈抨擊（參見第二十五首總論）。朱彝尊《靜志居詩話》亦云：「于麟（李攀龍）樂府止規字句而遺其神明，是何異安漢公之金縢、大誥，文中子之續經乎！」漁洋云：「李滄溟（攀龍）詩名冠代，祇以樂府摹擬割裂，遂生後人詆毀。（《師友詩傳錄》（沈德潛《詩時晬語》卷上謂：「古樂府聲律，唐人已失。試看李太白所擬，篇幅之短長，音節之高下，無一與古人合者，然自是樂府神理，非古詩也。明李于鱗句摹字倣，并其可句讀者追從之，那得不受譏彈！」

由對樂府詩的發展過程及歷代樂府詩作者的成敗得失的考察，王士禛得出結論，謂：「樂府古詩不必輕擬。」（《池北偶談》）又謂：「樂府寧爲其變，而不可以字句比擬也。」（《師友詩傳錄》）主張樂府要變化，反對字摹句擬，這種觀點既是對樂府詩創作實踐的總結，也是對胡應麟等反對字句比擬主張的繼承。而漁洋這種鮮明的理論主張也受到同時代及後人的贊同。宋犖《漫堂說詩》云：「古樂府音節久亡，不可摹擬。王（世貞）、李（攀龍）及雲間陳（子龍）、李（雯）諸子，數十年墮入雲霧，如禹碑石鼓，妄欲執筆效之，良可軒渠。少陵樂府以時事創新題，如《無家別》、《新婚別》、《留花門》諸作，便成千古絕調。後來張（籍）、王（建）樂府，樂天之《秦中吟》皆有可採。楊鐵厓《詠史》，音節頗具頓挫，李西涯倣之便劣。要當作古詩讀，無煩規規學步也。」儘管對李東陽（西涯）的評價與漁洋不一致，但其總體上反對模擬的觀點則與漁洋相同。方世舉《蘭叢詩話》云：「古樂府必不可仿。李太白雖用其題，已用己意。杜則自爲新題，自爲新語；元、白、張、王因之。明末好襲之以爲復古，腐爛不堪，臭厥載矣。李西涯雖間有可取，亦可不必。杜句『衣冠與世同』，可作詩訣。」其旨亦與漁洋同。

十

廣大居然太傅宜，① 沙中金屑苦難披。②
詩名流播雞林遠，③ 獨愧文章替左司。④

注：

①太傅：白居易，曾官太子少傅，後人因稱之爲太傅。唐代張爲作《詩人主客圖》以白居易爲廣大教化主。李調元序《詩人主客圖》曰：「所謂主者，白居易、孟云卿、李益、鮑溶、孟郊、武元衡，皆有標目。餘有升堂、入室、及門之殊，皆所謂客也。宋人詩派之說實本於此。」王世貞《藝苑卮言》卷四云：「張爲稱白樂天『廣大教化主』。用語流便，使事平妥，固其所長，極有冗易可厭者。少年與元稹角靡逞博，意在警策痛快，晚更作知足語，千篇一律。詩道未成，愼勿輕看，最能易人心手。」又云：「詩自正宗之外，如昔人所稱『廣大教化主』者於長慶得一人，曰白樂天；於元豐得一人焉，曰蘇子瞻；於南渡後得一人，曰陸務觀；爲其情事景物之悉備也。然蘇之與白，塵矣；陸之與蘇，亦劫也。」

②沙中金屑：《世說新語．文學篇》：「孫興公云：陸文若排沙簡金，往往見寶。」王士禛《蠶尾文》：

「唐人詩之多者，除李白、杜甫外，惟退之、樂天爲最。退之詩可選者多，不可選者少，去其不可者甚難。樂天詩可選者少，不可選者多，存其可者亦難。

③元微之《白氏長慶集序》：「雞林賈人求市頗切，自云本國宰相每以百金換一篇，其甚僞者宰相輒能辨別之。」（《元氏長慶集》卷五一王世貞《藝苑卮言》卷八：「元和中，雞林賈人鬻元、白詩云：『東國宰相百金易一篇，僞者輒能辨』」按：雞林，即新羅，朝鮮古國名。

④啓浣注云：「豈有文章替左司，白公刺蘇州時詩也。」惠棟《漁洋山人精華錄訓纂》：「樂天《重答劉和州詩》：『分無佳麗敵西施，敢有文章替左司。』自注：「來篇云：「蘇州刺史例能詩，西掖吟來替左司。」』」左司，官名，韋應物曾官左司郎中，此指韋應物。韋曾官蘇州刺史，白亦曾官蘇州刺史，故有替左司云云。

上一首論樂府而及白居易，此一首則專論白居易。上一首對白居易樂府表示贊賞，此一首則於白居易基本持否定之態度。

宗廷輔《古今論詩絕句》評此首云：「香山詩平易，故不喜之。」翁方綱《石洲詩話》卷八評曰：「先生不喜白詩，故特借白詩此句，以韋左司超出白詩上也。前章固以韋在柳上，此則以五言古詩類及之，猶爲有說也。若以韋在白上，則擬不於倫也。白詩所云『敢有文章替左司』，是因守蘇州而云爾，豈其關涉詩品耶？白公之爲廣大教化主，實其詩合賦、比、興之全體，合風、雅、頌之諸體，他家所不能奄有也。若以漁洋論時之例例之，則所謂廣大教化主者，直是粗細雅俗之不擇，泥沙瓦礫之不揀耳。依此，以披沙得金，則何『金屑』之有哉？竟皆目爲沙焉而已。未知先生意中所謂『金屑』者，何等『金』、何等『屑』也？若以白詩論之，則無論昆田、麗水皆金也。即一切恆河沙，皆得化爲金也。若以漁洋之揀金，則宋人刻玉以爲楮葉。必如此而後爲楮葉，則凡花草之得有葉者鮮矣。明朝李、何以訖王、李，皆僞詩也。漁洋先生豈惟於滄溟不免周旋鄉人，抑且於治七子沿襲信陽、北地之遺。是以『神韻』者，即『格調』之改稱，自必覺白公詩皆粗俗膚淺矣。故以維摩一瓣香屬之錢、劉，而以『文章替左司』之語原出於白詩，只作引述，宛似不著議論者，轉使人乍看不覺其有意貶斥白詩之痕跡耳。」

翁方綱認爲白居易「敢有文章替左司」並不關詩品，漁洋以白與韋蘇州相較是擬於不倫。其實王士禛正是比較二人詩品。其《蠶尾集》卷八《寄宋牧仲中丞》云：「昔白樂天在蘇州賦詩云：『敢有文章替左司』。以今觀之，樂天襟韻曠達，故不減韋公，而詩格相去何啻萬里。」漁洋《論詩絕句》謂「獨愧文章替左司」，正是言白居易詩格不及韋蘇州也。在現代人眼中，元、白以倡導新樂府運動著稱，白居易也自稱最重自己的諷諭詩，但在當時，元白詩最受歡迎、流傳最廣的還是那些表現淺吟低唱、流連光景、歌兒舞女生活的作品，即所謂長慶體詩，這些作品在某種程度上表現與迎合了市井的審美情趣。這在當時引起了「莊士雅人」的不滿。杜枚《唐故平盧節度巡官隴西李府君墓誌銘》引李戡之語云：「嘗痛自元和以來，有元、白詩者，纖豔不逞，非莊士雅人，多爲其所破壞，流於民間，疏於屏壁，子父女母，交口教授。淫言媟語，冬寒夏熱，入人肌骨，不可除去。」故司空圖評其詩品謂「元、白力勍而氣孱，乃都市豪估耳。」（《與王駕評詩書》）蘇軾亦謂「元輕白俗」。王士禛對白居易的評價正是受了司空圖等人的影響，其《香祖筆記》云：「李長吉詩云『骨重神寒神廟器』，『骨重神寒』四字，可喻詩品。司空表聖與王駕評詩云：『王右丞、韋蘇州趣味澄夐，如清沇之貫達；元、白力勍而氣孱，乃都市豪估耳。』元白正坐少此四字，故其品不貴。」翁方綱認爲漁洋抑白詩以其有七子主格調說之影響在，其實主神韻者必主雅，所謂「骨重神寒」者，清雅之謂也，正與俗相對，因而與其說王士禛從格調說貶抑白詩，不如說其正是從神韻出發而貶白也。

白居易詩在藝術表現方面具有詳切、直露的特點，這引起了後人的爭論。魏泰《臨漢隱居詩話》云：「白居易亦善作長韻敘事，但格制不高，局於淺切，又不能更風操，雖百篇之意，只如一篇，故使人讀而易厭也。」張戒《歲寒堂詩話》卷上云：「梅聖俞云：『狀難寫之景，如在目前。』元微之云：『道得人心中事』。此固白樂天長處。然情意失於太詳，景物失於太露，遂成淺近，略無餘蘊，此其所短處。」其實，白居易本人對此也有明確認識。其《和答微之詩序》云：「頃者在科試間，常與足下同筆硯，每下筆時輒相顧語，患其意太切而理太周。故理太周則辭繁，意太切則言激。然與足下爲文，所長在於此，所病亦在於此。」（《白居易詩集》卷二）所謂淺者，淺露之謂也；切者，切近之謂也。就主體而言，將主體的情意描寫得非常具體、詳切；就客體而言，對事物描繪得具體、詳盡，這就顯得直露，沒有回味的餘地。魏泰、張戒都尙含蓄，故不喜白居易。但張戒認爲白居易詩品格不高只是在藝術表現方面，《歲寒堂詩話》曰：「世言白少傅詩格卑，雖誠有之，然亦不可不察也。元、白、張籍詩，皆自陶、阮中出，專以道得人心中事爲工，本不應格卑，但其詞傷於太煩，其意傷於太盡，遂成冗長卑陋爾。比之吳融、韓偓俳優之詞，號爲格卑，則有間矣。若收斂其詞，而少加含蓄，其意味豈復可及也。」

以含蓄繩白居易自然嫌其淺俗，但從道得人心中事角度言，則白居易詩又是大可稱贊的。王若虛《滹南詩話》卷一云：「樂天之詩，情致曲盡，入人肝脾，隨物賦形，所在充滿，殆與元氣相侔。至長韻大篇，動數百千言，而順適愜當，句句如一，無爭張牽強之態。此豈撚斷吟鬚悲鳴口吻者之所能至哉！而世或以淺易輕之，蓋不足與言矣。」趙翼《甌北詩話》卷四云：「中唐詩以韓、孟、元、白爲最。……元、白尚坦易，務言人所共欲言……坦易者多觸景生情，因事起意，眼前景，口頭語，自能沁人心脾，耐人咀嚼。……世徒以輕俗訾之，此不知詩者也。」

貶樂天者主含蓄，褒樂天者尙詳切，兩種不同的評價實際上反映了兩種不同的審美觀。王士禛於二者之間主張前者，其舉「不著一字，盡得風流」之說，正與白居易詩歌的審美特徵相對，故其與白居易論詩常意見相左。《池北偶談》云：「樂天作《劉白倡和集解》，獨舉夢得『雪里高山頭白早，海中仙果子未遲』、『沉舟側畔千帆過，病樹前頭萬木春』，以爲神妙，且云『此等語，在在處處應有靈物護之』，殊不可曉。宜元、白於盛唐諸家興象超詣之妙，全未夢見。」魏泰亦云：「白居易殊不善評詩，其稱徐凝《瀑布詩》云：『千古長如白練飛，一條界破青山色。』又稱劉禹錫『雪里高山頭白早，海中仙果子生遲』，『沉舟側畔千帆過，病樹前頭萬大春』。此皆常語也。禹錫自有可稱之句甚多，顧不能知之耳。」（《臨漢隱居詩話》）元、白推賞章八元「迴梯暗踏如穿同，絕頂初攀似出籠」之句，王漁洋亦感到不可理解。《居易錄》：「唐人章八元題慈恩寺塔詩云：『迴梯暗踏如穿洞，絕頂初攀似出籠』，俚鄙極矣。乃元、白激贊之不容口，且曰：『不意嚴維出此弟子。』論詩至此，亦一劫也。」這其實是二人美學觀不同之故。白居易強調主體對客體把握與表現的準確、具體，其所重者在實處，主體的能動性主要體現在對客體的把握與表現上；王漁洋則強調客體作為主體情感符號的簡潔性與隱喻性，其所重者在虛處，主體的能動性主要體現在藝術表現的虛實處理上。因而白居易評論詩歌著眼於詩句對客體的表現，論其對客體情理表現之巧妙；王士禛則著眼於詩句對主體情感的表現上，論其對主體情感表現之含蓄曲折。故王士禛認為白居易對盛唐詩歌「興象超詣之妙」「全未夢見」。其所謂興象超詣就是所謂「不著一字，盡得風流」耳。

對於漁洋這種貶斥，袁枚曾作了批駁，其《隨園詩話》卷三云：「阮亭《池北偶談》笑元、白作詩未窺盛唐門戶，此論甚謬。桑弢父譏之云：『大辨才從覺悟餘，香山居士老文殊。漁洋老眼披金屑，失卻光明大寶珠。』余按：元、白在唐所以獨豎一幟者，正為其不襲盛唐窠臼也。阮亭之意，必欲其描頭畫角若明七子，而後謂之能窺盛唐乎？要知唐之李、杜、韓、白俱非阮亭所喜，因其名太高，未便詆毀；於少陵亦時有微詞，況元、白乎？阮亭主條飾，不主性情，觀其到一處必有詩，詩中必用典，可以想見其喜怒哀樂之不眞矣。」袁枚所論不免有些偏激，統謂漁洋不喜李、杜、韓、白，殊欠分析

（參閱前面有關各篇）；謂阮亭主修飾，不主性情，也未確然，其實阮亭主修飾過的性情，而這正是王士禛與袁枚性靈說的重要區別之一。

十一

獺祭曾驚奧博殫①，一篇《錦瑟》解人難。②
千年毛鄭功臣在，猶有彌天釋道安。③

注：

①《禮·月令》：「〔孟春之月〕魚上冰，獺祭魚。」惠棟《漁洋精華錄訓纂》：「《埤雅》云：獺一歲一祭。豺祭方，獺祭圓。言豺獺之祭皆四面而陳之，而獺圓布，豺方布。唐李商隱善屬文，喜鋪陳撿閱，時謂之獺祭魚。」李商隱詩喜尚用典，《苕溪詩話》卷十云：「李商隱詩好積故實，如《喜雪》云：『班扇慵裁素，曹衣詎比麻。鵝歸逸少宅，鶴滿令威家』。又『洛水妃虛妒，姑山客謾夸』，『聯辭雖許謝，和曲本慚巴』。一篇中用事者十七八。」《冷齋夜話》卷四云：「詩到李義山，謂之文一厄。以其用事僻澀，時稱西昆體。」按，惠洪稱李義山詩爲「西昆體」，誤。「西昆（亦作崑）體」當指宋初楊億、劉筠傚李商隱所爲之詩。元好問「詩家總愛西崑好，獨恨無人作鄭箋」亦沿其誤。後人遂相沿稱李商隱詩爲「西崑體」。

②《錦瑟》：李商隱的一首七律。詩爲：「錦瑟無端五十絃，一絃一柱思華年。莊生曉夢迷蝴蝶，望

帝春心托杜鵑。滄海月明珠有淚，藍田日暖玉生煙。此情何待成追憶，只是當時已惘然。」此詩頗多爭議。劉攽《中山詩話》云：「李商隱《錦瑟》詩，人莫曉其意，或謂是令狐楚家青衣名也。」計有功《唐詩紀事》曰：「錦瑟，令狐楚青衣。」是以錦瑟爲令狐楚青衣之名。另一說認爲錦瑟乃爲樂器之名。《彥周詩話》曰：「李義山《錦瑟》詩曰（略）。《古今樂志》云：『錦瑟之爲器也，其柱如其絃數，其聲有適、怨、清、和。』又云：『感、怨、清、和，昔令狐楚侍人能彈此四曲，詩中四句，狀此四曲也。』」《竹莊詩話》卷十四云：「《緗素雜記》云：『義山《錦瑟》詩云云，山谷道人讀此詩殊不曉其意，後以問東坡。東坡云：「此出《古今樂志》，云錦瑟之爲器也，其絃五十，其柱如之，其聲也適、怨、清、和。」按，李詩『莊生曉夢迷蝴蝶』，適也；『望帝春心托杜鵑』，怨也；『滄海月明珠有淚』，清也；『藍田日暖玉生煙』，和也。一篇之中曲盡其意，史稱其瑰奇雄邁，信然。」《藝苑卮言》卷四：「李義山《錦瑟》中二聯是麗語，作適、怨、清、和解，甚通。然不解則涉無謂，既解則意味都盡。以此知詩之難也。」田同之對此說不滿，《西圃詩說》云：「義山《錦瑟》詩，拈首二字爲題，即《無題》義，最是。蓋此詩之佳，在一絃一柱中思其華年，心思紊亂，故中聯不倫不次，沒首沒尾，正所謂『無端』也。而以『清、和、適、怨』傅之，不亦拘乎！」除上二說外，尚有多解。清人葉矯然《龍性堂詩話初集》云：「李義山《錦瑟》詩：『錦瑟無端五十弦，……只是當時已惘然。』黃山谷不曉其義，蓋未識其寓言之意也。細味此詩，起句說『無端』，結句說『惘然』，分明是義山自悔其少年場中，風流搖蕩，到今始知其有情皆幻，有色皆空也。次句說『思華年』，懊悔之意畢露矣。此與香山《和微之夢遊》詩同意。『曉夢』、『春心』、『月明』、『日暖』，俱是形容其風流搖蕩處，著解不得。義山用事寫意，皆此類也。」薛雪《一瓢詩話》云：「玉溪《錦瑟》一篇，解者紛紛，總屬臆見。余幼時好讀之，確有悟入，見解人甚少。此詩全在起句『無端』二字，通體妙處，俱從此出。意云：錦瑟一絃一柱，已足令人悵望年華，不知何故有此許多絃柱，令人悵望不盡；全似埋怨錦瑟無端有此絃柱，遂致無無端有此悵望。即達若莊生，亦迷曉夢；魂爲杜宇，猶託春心。滄海珠光，無非是淚；藍田玉氣，恍若生煙。觸此情懷，垂垂追溯，當時種種，盡付惘然。對錦瑟而興悲，歎無端而感切。如此體會，則詩神詩旨，躍然紙上。」翁方綱《石洲詩話》卷八云：「《錦瑟》一篇，遺山《論詩絕句》已有之，遺山詩曰：『望帝春心托杜鵑，佳人《錦瑟》怨華年。』此二句，雖拈舉義山原句，而義已明白矣。錦瑟本是五十絃，其絃五十，其柱如之，如曰『一絃一柱』也。此義山迴復幽咽之旨，在既破作二十五絃之後，而追說未破之初，『無端』二字，從空頓挫而出，言此瑟若本是二十五絃，則此恨無須追訴耳。無奈其本是五十絃，誰令其未破之先本自完全哉！『無端』者，若訴若怪，此善言幽怨者，正以其未破之時，不應當初完全致令破作二十五絃而懊惜也。所謂『歡聚』者，乃正是結此悲怨之根耳。五、六句『珠』以『月明』而已先『含淚』，『玉』以『日暖』而已自『含煙』。所以末二句：『此情可待成追憶，只是當時已惘然。』不待今已破而後感傷也。其情種全在當初未破時耳。以此迴抱三、四句之『曉夢蝴蝶』、『春心杜鵑』，乃得通體神理一片。所以遺山敘此二句，以

『杜鵑』之『託』說在前，而以『華年』之『怨』收在後，大旨了然矣。」李兆元《十二筆舫雜錄》卷二云：「義山《錦瑟》中四語東坡以適怨清和解之，王弇州謂不解則無味，解之則意味都盡，以是知詩之難也。王阮亭亦云『一篇錦瑟解人難』，其餘或以爲悼亡之作，或以爲令狐青衣作，解愈紛愈支矣。錫山杜紫綸（詔）云：「詩以錦瑟起興，『無端』二字便有自訝自憐之意；『思華年』即孔北海所謂『五十之年忽然已至』也。」秀水杜詒穀（庭珠）云：「『夢蝶』謂當年牛李之紛紜，『望帝』謂憲敬二宗之被弒，五十年世事也。『珠有淚』，謂悼亡之感，『藍田玉』即龍種鳳雛，意五十身世也。頗爲得解。」梁章鉅《退齋隨筆》云：「李義山詩，開卷《錦瑟》一篇，言人人殊。東坡『清、和、適、怨』云云，亦未見的確。本朝朱長孺注以爲令狐青衣，更無所據。惟朱竹垞謂是悼亡之作者，近之。方文輈以爲傷玄宗而作。玄宗之移入南内也，高力士令李輔國控焉，謂此『五十年太平天子』。杜樊川詩亦有『五十年天子』之句。故發首曰：『錦瑟無端五十絃，一絃一柱思華年』也。『曉夢蝴蝶』，所謂一場春夢。『望帝杜鵑』，明指幸蜀。『藍田玉生』，則反以諷肅宗也。其旨甚明，味之可見，亦可謂善說詩者矣。然猶不若汪韓門所釋爲得神理。汪云：按《舊唐書》，義山仕宦不進，終身坎壈，故開卷《錦瑟》一首，乃是假物以自傷。《漢書·郊祀志》：「太帝使素女鼓五十絃瑟，悲，帝禁不止，故破其瑟爲二十五絃。」今世所用者，皆二十五絃之瑟。而此乃五十絃之古制，不爲時尚。成此才學，有此文章，即已亦不解其故，故曰「無端」，猶言無謂也。自顧頭顱老大，「一絃一柱」，蓋已半百之年矣。「曉夢」喻少年時事，義山早負才名，登第入仕，都如一夢。「春心」者，壯心也，壯志消歇，如「望帝」之化「杜鵑」，已成隔世。「珠」、「玉」皆寶貨，珠在滄海，則有遺珠之嘆，惟見月照而淚。「生煙」者，玉之精氣，玉雖不爲人採，而日中之精氣，自在藍田。「追憶」，謂後世人之追憶也。「可待」者，猶云必傳於後無疑也。「當時」指現在言。「惘然」，無所適從也。言後世之傳，雖可自信，而即今淪落已極可嘆耳。』如此讀法，詩中雖虛字亦無一泛設。玉溪壓卷之作，似非如此讀法，亦不相稱也。」

③毛鄭：毛萇、鄭玄。毛萇曾注《詩經》，稱爲「毛詩」。鄭玄曾爲毛詩作箋。元好問《論詩絕句》：「望帝春心托杜鵑，佳人錦瑟怨華年。詩家總愛西崑好，獨恨無人作鄭箋。」漁洋此二句即對元遺山詩而發。道安（三一二—三八五），東晉十六國時期的著名佛教學者和僧團領袖。《晉書・習鑿齒傳》：「釋道安俊辯有高才，自北至荊州，與習鑿齒初相見。道安曰：『彌天釋道安』。鑿齒曰：『四海習鑿齒。』時人以爲佳對。」釋道安曾對大量佛經作過注解。《世說新語・雅量》劉孝標注引《安和尚傳》曰：「釋道安……以佛法東流，經籍錯謬，更爲條章，標序篇目，爲之注解。自支道林等皆宗其理。」漁洋借道安指釋道源。啓浣注云：「琴川釋道源，字石林。」按，朱彝尊《靜志居詩話》：「石林好讀儒書，……又以餘力注李義山詩三卷。其言曰：『詩人論少陵忠君愛國，一飯不忘，而目義山爲浪子，以其綺靡華艷，極玉臺金樓之體而已。第少陵之志直，其詞危，義山當南北水火、中外箝結，不得不紆曲其指，誕謾其辭，此風人小雅之遺，推原其志義，可以鼓吹少陵。』惜其書未刊行，會吳江朱長孺箋義山詩，多取其說，間駁其非，於是虞山家謂長孺陰掠其美，且

痛抑之。長孺固長者，未必效齊丘子也。」汪琬《堯峰文抄》卷三十九《跋李義山詩注》：「常熟釋道源解義山詩未竟而歿，吳江朱子長孺作箋注，頗采用之……長孺示予道源注原本，頗多蕪累，且間有所遺漏。長孺翦劈裒益，不啻十之六七，其用意良亦勤矣。吳人不察，往往竊議其後，幾使長孺如郭象之於向秀，此皆耳剽目竊之論，不足信者也。長孺每爲予言：道源所引釋氏書最稱灝博，非得此注，某書亦不能就也。蓋其通懷樂善如此，而忌者尤呶呶焉。」《四庫全書總目提要》云：「李商隱詩舊有劉克、張文亮二家注本。後俱不傳。故元好問《論詩絕句》有『詩家總愛西崑好，只恨無人作鄭箋』之語。明末釋道源，始爲作註。王士禛《論詩絕句》所謂『獺祭（略）』者，即爲道源是注作也。然其書徵引雖繁，實冗雜寡要，多不得古人之意。」

元好問《論詩絕句》有一首論李商隱云：「望帝春心托杜鵑，錦瑟佳人怨華年。詩家總愛西崑好，獨恨無人作鄭箋。」漁洋此首乃是針對元氏而作也。翁方綱《石洲詩話》評元好問詩「拈此二句（指「望帝春心托杜鵑，錦瑟佳人怨華年」二句），非第趁其韻也。正以先提唱『杜鵑』句於上，卻押『華年』於下，乃是此篇迴復幽咽之旨也。遺山當日必有神會，惜未見其所述耳。漁洋以釋道安當之，豈其然乎？遺山於初唐舉射洪，於晚唐舉玉溪，識力高絕。知世傳《唐詩鼓吹》非出遺山也。然而遺山云『精純全失義山眞』（按：《論詩絕句》另一首中句），拈出『精』、『眞』分際。有此一語，豈不可抵得一部鄭氏箋耶。」（卷七）認爲元遺山指出李商隱詩之「精」與「眞」，乃得其詩之根本所在，可抵一部鄭箋。

又其評漁洋此詩云：「所謂『彌天釋道安』者，借《世說》之釋道安，以指明末琴川釋道源也。道源之注，朱長孺雖略採取之，何足當『毛鄭功臣』之目乎？……漁洋此詩，先以獺祭之奧博，則以似藻麗爲主，又歸於琴川僧之注，則於虛實皆無所據。故雖同以《錦瑟》篇作論詩絕句，而其與遺山相較，去之千里矣。」（卷八）

漁洋此詩先言義山之詩奧博，故而解之實難，其實一篇《錦瑟》乃舉一而概全耳，後二句乃針對元好問「獨恨無人作鄭箋」言，謂釋道源可以比之。全詩之意順乎成章。平心論之，不見比元遺山詩差。翁氏每每於元、王二家軒元而輊王，於此亦見之。

據翁氏之說，元遺山識李商隱者在精與眞，而王漁洋僅識其藻麗，其見識之高下自然不同。其實所謂奧博並非只是藻麗而已。博者，謂其詩多用典故。奧者，深也，固然與用典有關，但與其用意深亦有關。漁洋推崇道源之爲李商隱之功臣，主要是肯定其能看出李詩「紆曲其旨，誕謾其辭」，而有「風人小雅」之遺意，並以此作原則來解詩。此關係到對李商隱的根本評價問題。前人如僧惠洪《冷齋夜話》指責其「用事假澀」。《蔡寬夫詩話》批評其「用事深僻，語工而意不及」，而對於其詩中頗涉男女相戀之詞，竟至有人目其爲「浪子」。而道源能見出其用事之委曲深奧，乃是由於義山「當南北水火中外箝結」之時而不得不然，並且亦能從其誕謾之辭中識出其嚴肅的意旨，「可以鼓吹少陵」。《四庫總目提要》評朱鶴齡之注李義山詩集云：「謂其詩寄託深微，多寓忠憤，不同於溫庭筠、段成式綺靡香艷之詞，則所見特深，爲從來論者所未及。」其實朱氏此見正從釋道源而來，故《提要》所稱譽朱者，實可以視對道源之譽。

道源對李商隱的評價對後人產生了很大影響，以至後之論李商隱者多能認識其奧博中自有寓意，因而肯定其價值。《四庫全書總目提要》云：「商隱詩與溫庭筠齊名，詞皆縟麗。然庭筠多綺羅脂粉之詞，而商隱感時傷事，尚頗得風人之旨。故《蔡寬夫詩話》載王安石之語，以爲唐人能學老杜，而得其樊籬者，惟商隱一人。」（卷一五一「李義山詩集」條）

然自道源之注出，後人沿之，則以爲李商隱處處皆有寓意，以致以其身世附會其詩，出現了流弊。此弊道源、朱鶴齡已有之，後吳喬作《西崑發微》，亦從此解之。故《四庫全書總目提要》又云：「自釋道源以後，註其詩者凡數家。大抵刻意推求，務爲深解。以爲一字一句，皆屬寓言，而《無題》諸篇，穿鑿尤甚。」（卷一五一「李義山詩註」條）漁洋此詩雖主要論義山註家，但其中也道出了漁洋對義山詩的評價。漁洋對李商隱的奧博還是肯定的，認爲其奧博與義山作詩要紆曲其意有關，而其所以要紆曲其意者又是其時代環境和其個人處境使然。這就從根本上肯定了李商隱詩的價值。具體而言，王士禛欣賞李商隱的七律及七絕。《居易錄》引述劉公　語謂七律如開硬弩，祇要七分，十分滿者古今罕見，王士禛云：「因思唐宋以來，爲此體者，何翅千百人，求其十分滿者，唯杜甫、李頎、李商隱、陸游、及明之空同、滄溟二李數家耳。」李商隱七律實屬學杜一派，漁洋對此派七律并不鄙薄。至於義山七絕，漁洋則認爲不減盛唐諸家，只是稍嫌有鍼縷之跡。

十二

涪翁掉臂自清新，① 未許傳衣躡後塵。②
卻笑兒孫媚初祖，強將配饗杜陵人。③

注：

①涪翁：黃庭堅，字魯直。《苕溪漁隱叢話》：「豫章自出機杼，別成一家，清新奇巧，是其所長。」《庚溪詩話》卷下：「本朝詩人與唐世相亢，其所得各不同，而俱自有妙處，不必相蹈襲也。至山谷之詩，清新奇峭，頗造前人未嘗道處，自爲一家，此其妙也。至古體詩，不拘聲律，間有歇後語，亦清新奇峭之極也。」掉臂，搖臂，不顧而往。

②傳衣，釋道原《景德傳燈錄》：釋迦往世十九年，將金鏤僧伽黎衣傳衣與一祖摩訶迦葉，自一祖至三十二祖弘忍。《苕溪漁隱叢話》前集卷四八云：「呂居仁近時以詩得名，自言傳衣江西，嘗作宗派圖。」劉克莊《江西詩派小序》：「國初詩人，如潘閬、魏野，規規晚唐格調，寸步不敢走作。楊、劉則又專爲崑體，故優人有尋扯義山之誚。蘇、梅二子，稍變以平淡豪俊，而和之者尚寡。至六一、坡公，巍然爲大家數，學者宗焉。然二公亦各極其天下筆力之所至而已，非必鍛煉勤苦而成

也。豫章稍後出，會萃百家句律之長，究極歷代體製之變搜獵奇書，穿穴異聞，作爲古律，自成一家，雖隻字半句不輕出，遂爲本朝詩家宗祖，在禪學比得達磨，不易之論也。其《內集》詩尤善，信乎其自編者。」

③原注：「山谷詩得未嘗有，宋人強以擬杜，反來後世彈射，要非文節知己。」王漁洋《七言詩凡例》：「山谷雖脫胎於杜，顧其天姿之高，筆力之雄，自闢門戶。宋人作《江西宗派圖》，極尊之，配食子美，要亦非山谷意也。」

元遺山《論詩絕句》評黃山谷云：「古雅難將子美親，精純全失義山眞，論詩寧下涪翁拜，未作江西杜里人。」宗廷輔《古今論詩絕句》謂此首：「詆山谷。上二句直舉山谷之疵。查初白云：『涪翁生拗鍾鍊，自成一家，直得下拜。』此讀『寧』爲『寧可』之『寧』也。故爲調停，非先生意。『寧下』者，豈下也。」王漁洋卻與元遺山不同，對黃山谷非常推崇。

漁洋之推尊山谷自少而始，其《香祖筆記》云：「予平生爲詩不喜次韻，不喜集句，不喜數疊前韻，唯少時有集黃山谷詩一絕云（謝人送梅）：『榨頭夜雨排簷滴，誰與愁眉唱一杯？瘦盡腰圍怯風景，城南名士遺春來。』」可知王漁洋對山谷之熟悉。又據計東《改亭集》卷四《甯益賢詩集序》謂王士禛曾於順治己亥（一六五九）庚子間（一六六〇）評次甯益賢詩，稱其詩似山谷。計東曰：「至山谷詩則貽上之心乎愛矣，惟恐己之不似，又喜見人之能似之者，則亟引爲同調而親之。」按順治己亥、庚子間，王士禛方二十六、七歲，在作《論詩絕句》之前三年，由此知漁洋對山谷之喜愛由來已非一朝。

漁洋之推尊山谷，有意強調山谷學杜的獨創性。其《香祖筆記》云：「予謂從來學杜者無如山谷。山谷語必己出，不屑稗販杜語。」又云：「宋明以來詩人學杜子美者多矣。予謂退之得杜神，子瞻得杜氣，魯直得杜意，獻吉得杜體，鄭繼之得杜骨。」（《池北偶談》）所謂得杜意也者即是語必己出而不稗販杜語。漁洋《論詩絕句》謂：「卻笑幾孫媚初祖，強將配饗杜陵人」，也是強調黃庭堅詩的獨創性，正如啓浣注所云「山谷詩得未曾有」，《七言詩凡例》所云「自闢門戶」。山谷的獨創性表現在其詩的「清新」上。既是清新，前所未有，也就是奇格。這也與胡仔、陳肖巖之所謂「清新奇峭」者同。

王漁洋何以推崇山谷？翁方綱《復初齋王漁洋詩評》云：「漁洋先生與山谷絕不相類，而能知山谷之妙，此所謂『滿院木犀香，吾無隱乎爾』。宋人敖器之云：『陶宏景祗召入宮，折理談玄，而松風之韻故在。』解此者蓋少矣。」又云：「先生瓣香山谷，不知在何處？問之豫章人固不知。聞之濟南人更不知也。山谷詩境質實，漁洋則空中之味也。然同時朱竹垞（彝尊）學最博，全以博學入詩，宜其愛山谷矣，然竹垞卻最不嗜山谷，而漁洋乃最嗜之，此其故何也？」

喜歡一個和自己創作風格絕不相類的作家，這並不奇怪。一個人的審美趣味可以是多方面的，其中一種趣味可以占主導地位，但也並不排斥其他不同趣味的存在。這正如人的口味，一個最喜喫魚，但也並不排斥他喜歡喫肉，而且天天喫魚，頓頓喫魚的話，也是會生厭的。王漁洋之喜歡黃山谷正可作如是觀。

其實，王漁洋之推重黃山谷主要在其七古，但漁洋還是將山谷置於蘇軾之下。《七言詩凡例》謂「文忠公（蘇軾）七言長句之妙，自子美、退之後，一人而已。」《漁洋詩話》亦云：「七言歌行，至子美、子瞻二公，無以加矣。……子瞻同時，又有黃太史之奇特。」這一點從《七言詩選》中兩人詩的數量上也可以看出。蘇軾一卷，分上下，共一百零四首，黃山谷一卷不分上下，共五十四首。

對於黃山谷之七律，漁洋則主張必不可學。《然鐙記聞》記其語曰：「歐、蘇、黃三大家，祇當讀其古詩歌行絕句；至於七律必不可學。」漁洋之認爲黃庭堅七律不可學，其因在於漁洋心目中的七律正格乃是盛唐諸公。《師友詩傳錄》述其語云：「（七言律）宋初學西崑，於唐卻近；歐、蘇、豫、章始變西崑，去唐卻遠。」此正是以唐調衡宋人耳。

關於七古則不然。漁洋《七言詩選》中唐詩共四卷，獨成一卷的只有杜甫、韓愈；而宋人作品則有六卷，獨成一卷的有歐陽修、王安石、蘇軾、黃庭堅、陸游。宋代所占的比重較唐代爲大。這種現象該作何解釋？趙文哲《媕雅堂詩話》云：「七古以盛唐人爲極則，然盡其變必極之宋人而後已，所謂變而不失其正者也。」趙氏詩學於清最推漁洋，因而此其所言頗有得漁洋之意者。漁洋成於六十八歲的《居易錄》謂：「張嵲巨山評山谷云：『譽者或過其實，毀者或損其眞，皆非眞知魯直者。魯直自以爲出於《詩》，於《楚詞》，過矣。蓋規橅漢魏以下者也。佳處往往與古樂府、《玉臺新詠》諸人所所作合。古律詩酷學少陵，雄健太過，遂流而入於險怪。要其病在太著意，欲道古今人所未道語耳。其文專學西漢，惜才力褊局，不能汪洋趦趄；如其紀事立言，頗有類處。』此論極公。但以山谷似《玉臺新詠》，擬其非倫矣。這一段話可以看作是王士禛對黃庭堅的較全面的評價。

翁方綱《石洲詩話》卷八云：「先生鈔《七言詩》，凡例云：『山谷雖脫胎於杜，顧其天姿之高，筆力之雄，自闢門庭。宋人作《江西宗派圖》以配食子美，要亦非山谷意也。』按此凡例數語，自是平心之論。其實山谷學杜，得其微意，非貌杜也。即或後人以配食杜陵，亦奚不可！而此詩以為『未許傳衣』，則專以『清新』目黃詩，又與所作《七言詩凡例》之旨不合矣。遺山云：『論詩寧下涪翁拜，未作江西社裏人。』此不以山谷置《江西派圖》中之論之也。漁洋云：『卻笑兒孫媚初祖，強將配食杜陵人。』此專以山谷置《江西派圖》中論之也。山谷是『江西派』之祖，又何待言！然而因其作『江西派』之祖，即不許其繼杜，則非也。吾故曰：遺山詩初非斥薄『江西派』也，正以其在論杜一首中，與義山並推，其繼杜則即不作一方之音限之可矣。此不斥薄『江西派』，愈見山谷之超然上接杜公耳。近日如朱竹垞論詩，頗不愜於山谷。惟漁洋極推山谷，似是山谷知己矣，而此章卻又必拘置之『江西派』，不許其嗣杜。揆之遺山論詩，孰為知山谷者，明眼人必當辨之。先生他日《讀黃詩》絕句，又曰：『一代高名孰主賓？中天坡、谷兩嶙峋。瓣香只下涪翁拜，宗派江西第幾人？』此首則竟套襲遺山《論詩絕句》『論詩寧下涪翁拜，未作江西社裏人』之句調。愚下來不敢效近人騰口於漁洋先生，然讀至此詩，則先生竟隨口讀過，不能知遺山詩之意矣。遺山『寧』字，百鍊不能到也，其上句云『

古雅難將子美親，精純全失義山眞」，有一杜子美在其上，又有一李義山在其上，然後此句「寧」字，只以一半許山谷，而已超出所謂「江西派」之隅之見矣。只此一箇「寧」字，其心眼並不斥薄「江西派」。而其尊重山谷之意，與其置山谷於子美、義山之後之意，層層圓到，面面具足。有此一「寧」字，乃得上二句學杜之難，與學義山之失眞，更加透徹也。若漁洋此作，云「瓣香只下涪翁拜」，換其「論詩」二字曰「瓣香」，則眞不解也。夫遺山諸絕句，皆論詩也，何以此處忽出「論詩」二字乎？所以漁洋先生以「瓣香」二字換之。揆其意，似以爲「瓣香」二字近雅，而「論詩」二字近於通套乎？誰知遺山此句「論詩」二字，方見意匠，蓋正對其下一句言之，彼但以「江西派」目山谷者，特以一方之音限之，非通徹上下原流者也。若以論詩之脈，而不以方隅之見限之，乃能下涪翁之拜，知是子美門庭中人耳。此其位置古人分際，銖兩不差，眞善於立言者也。若云「瓣香」，吾不知漁洋之意果其欲專學山谷詩乎？先生固未嘗專學山谷詩也。然即使欲專學山谷，則其意，以「只」字特見推崇山谷矣，乃其下接句卻又不然，乃曰：「宗派江西第幾人？」此又實不可解。夫山谷是《江西派圖》中之第一人也，所以云「兒孫媚初祖」，先生固明知其爲「江西派」之初祖也，何以此處又佯問曰：是「江西派」「第幾人」？不知其意欲顯其高出江西諸人乎？抑欲較量其與江西諸人之等級乎？實則不過隨手套襲遺山之句調，而改換其「社裏人」爲「第幾人」，是則近今鄉塾秀才套襲墨卷之手段耳。正與其《浯溪碑》七言古詩，襲用山谷「瓊琚詞」三字，笨滯相同，而更加語病矣。愚從來竊見近日言詩者薄視漁洋，心竊以爲未然，今日因附說《論詩絕句》至此，而不能默也。」翁方綱謂元好問不薄江西詩派，這並不符合元好問的原意，前人已辯之甚詳。至於其批評漁洋不贊成視山谷爲杜甫的繼承者，其論亦太過分。漁洋何嘗否認山谷學杜，只是漁洋強調其學杜的獨創性，而以山谷配食杜陵者注重其與杜甫的共同性，側重點不同而已。漁洋《居易錄》謂「山谷千古奇作，於杜、韓，蘇之自闢一宗，故爲江西初祖」，這與《七言詩凡例》謂「山谷雖脫胎於杜……自闢門庭」云云同一意旨，即重其獨創的一面。

十三

詩人一字苦冥搜，①　論古應從象罔求。②
不是臨川王介甫，　誰知暝色赴春愁。③

注：

①劉勰《文心雕龍・練字》：「故善爲文者，富於萬篇，貧於一字。」韓愈《記夢》：「壯非少者哦七言，六字常語一字難。」（《全唐詩》卷三四二）冥搜，搜訪幽冥。孫綽《遊天臺山賦》：「非夫遠寄冥搜，篤信通神者，何肯遙想而存之。？」

②象罔，《莊子・天地》：「黃帝遊乎赤水之北，登乎崑崙之丘而南望，還歸，遺其玄珠。使知索之而不得，使離朱索之而不得，使喫詬索之而不得也。乃使象罔，象罔得之。黃帝曰：異哉！象罔乃可以得之乎？」

③啓浣注：「唐人《晚渡伊水》詩，首句或作『暝色起春愁』，王云：『若作起，誰不能道耶？』」按，《全唐詩》卷二五〇皇甫冉《歸渡洛水》（與啓浣注詩題不同）云：「暝色赴春愁，歸人南渡

頭。渚煙空翠合，灘月碎光流。澧浦饒芳草，滄浪有釣舟。誰知放歌客，此意正悠悠。」王安石《鍾山語錄》云：「『暝色赴春愁』，下得『赴』字最好，若下『起』字，即小兒語也。」又葉夢得《石林詩話》中日：「王荆公編《百家詩選》，嘗從宋次道借本，中間有『暝色赴春愁』，次道改『赴』字作『起』字，荆公復定爲赴字，以語次道曰：『若是起字，人誰不能到。』次道以爲然。」

此首談練字。宗廷輔《古今論詩絕句》云：「此即所謂詩眼是也。《瀛奎律髓》言之詳矣。」方回編選《瀛奎律髓》常圈出句眼，如圈杜甫《登岳陽樓》詩「吳楚東南坼，乾坤日夜浮」句中之「坼」、「浮」二字，謂是句眼。所謂句眼，即是詩句中最關鍵的字。王國維謂「『雲破月來花弄影』，著一『弄』字，境界全出矣。」此「弄」字就是句眼。皇甫冉「暝色赴春愁」，「赴」字也是句眼。王士禛謂「詩人一字苦冥搜」，即是謂練字，即練句眼。

這首詩看起來是說王安石判斷古人詩句用字的問題，是「論古」而不是創作，但這種判定須經歷和詩人創作練字相同的過程而後才能作出。心如王安石有名句「春風又綠江南岸」，據說王安石幾經改易才确定第四字爲「綠」，若下一「到」字，則正如其所謂「即小兒語也」。皇甫冉詩「暝色赴春愁」，「赴」又作「起」字，王安石就須在這二者之間作出選擇。這個選擇過程實際上和其作詩在「綠」和「到」等字中作出選擇一樣，就是所謂練字的過程。

那麼應該如何練字？其標準是什麼？王士禛認爲「應從象罔求」，此句大有深意。《莊子．天地》謂黃帝遺其玄珠，先使知、再使離朱、復使喫詬索之，三人索之俱不得，最後使象罔得之。玄珠，《經典釋文》注引司馬彪云是「道眞」，郭象注「使知索之而不得」謂：「言用知不足以得眞」。離朱，又稱離婁，古代傳說中一位眼力極好的人。《商君書·錯法》謂離朱能「見秋毫百步之外」，成玄英疏「使離朱索之而不得」謂：玄珠「非色，不可以目取也。」喫詬，成玄英疏謂「言辯也」。象罔（一作罔象），成玄英疏：「無心之謂。」此一段乃謂以思慮、感官、言辯都不能得道，而只有無心才可以得之。成玄英云「離聲色，絕思慮，故知與離朱自涯而返，喫詬言辯，用力失眞，唯罔象無心，獨得玄珠也。」

王士禛主張「論古應從象罔求」，即是主張詩歌要不步理路，不著形跡，不落言詮。其《香祖筆記》云：「表聖論詩，有二十四品，予最喜『不著一字，盡得風流』八字。」又元：「釋氏言：羚羊挂角，無跡可求。古言云：羚羊無些子氣味，虎豹再尋他不著，九淵潛龍、千仞翔鳳乎！此是前言注腳。不獨喻詩，亦可爲士君子居身涉世之法。」又，《漁洋文略》卷三《突星閣詩集序》云：「夫詩之道，有根柢焉。有興會焉，二者率不可得兼，鏡中之象，水中之月，相中之色，羚羊挂角，無跡可求，此興會也。本之《風》、《雅》以導其源，泝之楚《騷》、漢魏樂府以達其流，博之九經、三史、諸子以窮其變，此根柢也。根柢原於學問，興會發於性情。」王士禛以「不著一字，盡得風流」的詩境得之于興會，儘管王士禛說《突星閣詩集》的作者做到了興會與根柢的統一，但在漁洋的心目中二者還是「率不可得兼」的。不僅如此，興會也不涉理路，不可以常理相格。《池北偶談》云：「世謂王右丞畫雪中芭蕉，其詩亦然，如『九江楓樹幾回青，一片揚州于湖白』，下連用蘭陵鎮、富春郭、石頭城諸地名，皆寥遠不相屬。大抵古人詩畫，只取興會神到，若刻舟緣木求之，失其指矣。」由上可見，王士禛謂要從象罔求，正是主張性情，主張興會，主張「不著一字，盡得風流」。

詩人練字以此爲標準，「暝色赴春愁」一句，何以下「赴」字比下「起」字好呢？起是一個自動詞，在詩句中作「使起」、「引起」講。「暝色起春愁」，僅僅陳述暝色與春愁之間的因果關係，是一個極爲平淡的陳述句，並且已落入理路。而下赴字則不然。赴是一個人稱動詞，下一赴字，暝色就被人化、被感情化了。發春愁者是人，暝色又被擬人化，暝色赴春愁，則暝色與人發生了情感上的交流。這實是發春愁者對暝色產生了移情，這樣一句，詩味極濃，其可謂著一赴字，境界全出矣。若執著於字面，以常理相格，則失其意。

十四

苦學昌黎未賞音，①偶思螺蛤見公心。②
平生自負廬山作，③才盡禪房花木深。④

注：

①張戒《歲寒堂詩話》卷上云：「歐陽公詩學韓退之，又學李太白。」《滄浪詩話．詩辯》：「國初之詩，尚沿襲唐人，王黃州學白樂天，楊文公、劉中山學李商隱，盛文肅學韋蘇州，歐陽公學韓退之古詩，梅聖俞學唐人平淡處。」王士禛《七言詩凡例》：「未承唐季衰陋之後，至歐陽之忠公始拔流俗，七言長句高處直追昌黎，自王介甫輩皆不及也。」

②啓浣注：歐公欲傚常尉《破山寺》作一聯而不能，東坡云：『公厭芻豢，反思螺蛤耶？』按《東坡文集》卷六十七《書常建詩》：「常建詩云：『竹徑通幽處，禪房花木深。』歐陽愛賞，以爲不可及。此語誠可人意，然於工何足道，豈非厭飫芻豢反思螺蛤耶？」常建《破山寺後禪院》全詩云：「清晨入古寺，初日照高林。曲徑通幽處，禪房花木深。山光悅鳥性，潭影空人心。萬籟此俱寂，惟聞鐘磬音。」沈德潛《唐詩別裁集》謂此詩「通體幽絕，歐陽公自謂學之未能，古人虛心服善如

是。」

③歐陽修《廬山高贈同年劉中允歸南康》一詩見歐公《居士集》，詩云：「廬山高哉幾千仞兮，根盤幾百里，巀然屹立乎長江。長江西來走其下，是爲揚瀾左蠡兮，洪濤巨浪日夕相舂撞。雲消風止水鏡淨，泊舟登岸而遠望兮，上摩青蒼以晻靄，下壓後土之鴻龎。試往造乎其間兮，攀緣石磴窺硿，千巖萬壑響松檜，懸崖巨石飛流淙。水聲聒聒亂人耳，六月飛雪灑石矼。仙翁釋子亦往往而逢兮，吾嘗惡其學幻而言哤。但見丹霞翠壁遠近映樓閣，晨鐘暮鼓杳藹羅幡幢。幽花野草不知其名兮，風吹露濕香澗谷，時有白鶴飛來雙。幽尋遠去不可極，便欲絕世遺紛痝。羨君買田築室老其下，插秧盈疇兮釀酒盈缸。欲令浮嵐暖翠千萬狀，坐臥常對乎軒窗。君懷磊砢有至寶，世俗不辨珉與玒。策名爲吏三十載，青衫白首困一邦。寵榮聲利不可以苟屈兮，自非青雲白日有深趣，其氣兀硉何由降？丈夫壯節似君少，嗟我欲說安得巨筆如長杠。」葉夢得《石林詩話》卷中云：「前輩詩文，各有平生自得意處，不過數篇，然他人未必能盡知也。毗陵正素處士張子厚善書，余嘗於其家見歐陽文忠子棐以烏絲欄絹一軸，求子厚書文忠《明妃曲》兩篇，《廬山高》一篇。略云：『先公平日，未嘗矜大所爲文，一日被酒，語棐曰：「吾《廬山高》，今人莫能爲，惟李太白能之。《明妃曲》後篇，太白不能爲，惟杜子美能之；至於前篇，則子美亦不能爲，惟我能之也。」因欲別錄此三篇也。』」按，歐公之語亦有另說。《苕溪漁隱叢話後集》卷二十三曰：「近觀《本朝名臣傳》，及云：『歐陽修爲詩，謂人曰：《廬山高》惟韓愈可及；《琵琶前引》，韓愈不可及，杜甫可及；《後引，》李白

可及，杜甫不可及。其自負如此。」則與石林所紀全不同。」《盧山高》頗爲時人所喜。《詩話總龜》前集卷八引《王直方詩話》云：「郭功父少時喜誦文忠公詩。一日過聖俞（梅堯臣），聖俞曰：『近得永叔書云：作《盧山高》詩送劉同年，自以爲得意。恨未見此詩。』功父誦之。聖俞擊節嘆賞曰：『使吾更學作詩二十年，亦不能道其中一句。』功父再誦，不覺心醉，遂置酒，又再誦，酒數行，凡誦十數遍，不交一言而罷。明日，聖俞贈功父詩曰：『一誦《盧山高》，萬景不可藏。設令古畫師，極意未能忘。』」但王世貞則斥之，其《藝苑卮言》卷四云：「歐陽公自言《盧山高》、《明妃曲》，李、杜所不能作。余謂此非公言也。果爾，公是一夜郎王耳。《盧山高》僅玉川之淺近者，無論其他。」賀裳《載酒園詩話》云：「公（歐陽修）嘗謂人曰：『吾《盧山高》惟韓愈可及。《琵琶前引》韓愈不可及，杜甫可及；《後引》李白可及，杜甫不可及。』《石林詩話》則曰：『吾詩《盧山高》，今人莫能爲，惟李太白能之。《明妃曲》後篇，太白不能爲，惟杜子美能之；至於前篇，則子美亦不能爲，惟吾能之也。』二說聚訟，總可不論，大抵自矜，則斷然者矣。今觀《盧山高》僅僅鋪敘，言外別無意味。至若『君懷磊落有至寶，世俗不辯珉與砆』，『丈夫壯節似君少，嗟我欲說安得巨筆如長扛』，雖曰『橫空盤硬語』，實滄父聲音耳。」王漁洋《七言詩凡例》云：「《盧山高》一篇，公所自負，然殊非至者。」漁洋之後，洪亮吉《北江詩話》卷二亦謂：歐陽公「自詡《盧山高》一篇，在公集中，亦屬中下。」翁方綱《復初齋王漁洋詩評》云：「先生不喜歐公《盧山高》詩，此卻有理。」

④宋僧人惠洪《冷齋夜話》卷三云：「唐詩有『竹徑通幽處，禪房花木深』之句，歐陽文忠公愛之，每以語客曰：『古人工爲發端，心雖曉之，而才莫逮。欲倣此作一聯，終莫之能。』以文忠公之才，而謂不能，詩蓋未易識也。」《洪駒父詩話》曰：「丹陽殷璠撰《河岳英靈集》，首列常建詩，愛其『山光悦鳥性，潭影空人心』之句，以爲警策。歐公又愛建『竹徑通幽處，禪房花木深』，欲倣建作數語，竟不能得，以爲恨。予謂建此詩全篇皆工，不獨此兩聯而已。」（《苕溪漁隱叢話》前集卷二十引）又《詩學規範》：「文忠公於常建詩，愛其『竹徑通幽處，禪房花木深』，謂此景與意會，常欲道之而不得也。」又《頤山詩話》：「近世詩人，見古人佳句，輒欲擬作，自謂得意。甚者筆之於書，以誇乎人。然而何嘗得其彷彿？乾鼠爲璞，蹄涔自濡，殊可笑也。歐陽永叔嘗愛常建『竹徑通幽處，禪房花木深』，欲倣之作一聯，每不可得。晚至青山得山齋，宴息，益欲作之，竟不能獲一言，至以爲終身之恨。以歐公之才，何所不可？乃不輕易如此，茲其可重也歟！」

王士禛以開啓宋代文風者目歐陽修，其《七言古詩選》以韓愈上承杜甫，而以歐陽修直接韓愈。晚唐七古，漁洋稱其「衰陋」，而僅取李商隱《韓碑》一篇。蓋七古至晚唐體格大變，以聲情取勝，已與詞接近。晚唐以溫、李最爲著名，許學夷《詩源辯體》卷三十稱「庭筠七言古盡入詩餘」，謂李商隱七言古「聲調婉媚，太半入詩餘矣」，但李商隱《韓碑》一首卻不同衆作，上追韓愈。沈德潛《唐詩別裁集》於李商隱七古僅取此一篇，並云：「晚唐人古詩穠鮮柔媚，近詩餘矣，即義山七古亦以辭勝。獨此篇意則正正堂堂，辭則鷹揚鳳翽，在爾時如景星慶雲，偶然一見。」漁洋《七言古詩選》以杜甫爲宗（參閱「杜家箋傳太紛挐」一首），以杜甫七古之審美特征衡晚唐七古，謂之「衰陋」實屬必然。歐陽修乃直承韓愈，故漁洋稱其「始拔流俗」。田雯《古歡堂集雜著》卷二云：「七言古詩，至唐末式微甚矣！歐陽文忠公崛起宋代，直接杜、韓之派而光大之，詩之幸也。」牟願相《小澥草堂雜論詩》亦謂「其七言古歌妙處乃非晚唐所及。」

漁洋稱歐陽修苦學昌黎，但蘇軾則以爲歐陽修詩似李白。《詩源辯體》後集纂要卷一云：「歐陽永叔古詩，中郎（袁宏道）謂『滔滔莽莽，有若江河』是也。東坡云『歐陽子詩賦似太白』，此以諸體近唐調者言之。」而劉熙載《藝概》則云：「東坡謂歐陽公『論大道似韓愈，詩賦似李白』，然試以歐公詩觀之，雖曰似李，其刻意形容處，實於韓爲逼近耳」。其實，李白、韓愈古詩在風格豪放上有相似之處，馬位（秋窗隨筆）云：「退之七古有絕似太白處」，當是此意。歐陽修推崇豪放之詩，其《答蘇子美離京見寄》稱蘇舜卿「其於詩最豪，奔放何縱横」（《歐陽文忠公外集》卷二），在《宋文帝神道碑》一文中批評「南朝士人氣尙卑弱，字書工者率以纖勁清媚爲佳」（《歐陽文忠公集》卷一百三十），雖是評書法，亦可見其審美趣味之所在。晚唐古詩的缺點正是纖媚、氣格卑弱，宋初西崑派詩人又專尙晚唐，歐陽修崇尙李白、韓愈，正與此有關。

歐陽修雖曰學太白，但李白的天才飄逸實未能到，而其刻意形容，以文爲詩，得於韓愈者實多。故嚴羽、王士禛、劉熙載等直謂其出於韓愈。但韓愈詩以氣勢勝，其七言古詩多一韻到底，奔瀉而下；又以奇險勝，「盤空硬語」、「妥帖排奡」，這些歐陽修也未易到。賀裳《載酒園詩話》云：「歐公古詩苦無興比，惟工賦體耳。至若敘事處，滔滔汨汨，纍百千言，不衍不支，宛如面談，亦其得也。所惜意隨言盡，無復餘音繞梁之意。又篇中曲折變化處亦少。公喜學韓，韓本詩之別派，其佳處又非學可到，故公詩常有淺直之恨。」《廬山高》一詩歐陽修最爲自負，王士禛則以爲「殊非至者」，故謂其「苦學昌黎未賞音」。

歐陽修倣常建《破山寺》，這雖爲當時及後人提及，但多未探究其中原因，王士禛則獨具隻眼，以爲於此可以窺見歐公之心。

殷璠《河岳英靈集》首例常建詩，稱「建詩似初發通莊，卻尋野徑，百里之外，方歸大道，所以其旨遠，甚興僻，佳句輒來，唯論意表。至如『松際露微月，清光猶爲君』，又『山光悅鳥性，潭影空人心』。此例十數句，並可稱爲警策。」常建詩與王、孟實爲一派，王士禛《蠶尾續文》云：「王、裴輞川絕句，字字入禪。他如『雨中山果落，燈下草蟲鳴』，『明月松間照，清泉石上流』，以及太白『卻下水精簾，玲瓏望秋月』，常建『松際露微月，清光猶爲君』，浩然『樵子暗相失，草虫寒不聞』，劉昚虛『時有落花至，遠隨流水香』，妙諦微言，與世尊拈花，迦葉微笑，等無差別。通其解者，可語上乘。」翁方綱《石洲詩話》卷一云：「常尉以玄妙得之，儲侍御以淺淡得之。儲近王，常近孟，而常勝於儲多矣。」施補華《峴傭說詩》云：「孟浩然、王昌齡、常建五言清逸，風格均與摩詰相近，而篇幅較窘。」常建與王、孟相同處在其詩饒興象，意在言外（殷璠所謂「惟論意表」），其相異處在常建詩取徑獨幽，胡應麟《詩藪》云：「常幽深無際。」喬億《劍溪說詩》卷上云：「常建、劉昚虛詩，於王、孟外又闢一徑：常取徑幽而不詭於正，劉氣象一派空明。」所謂「取徑幽」者，即殷璠所云「尋野徑」、「其興僻」之意；「不詭於正」，即殷璠所謂發於通莊而又歸於大道之意。

歐陽修學韓愈七古，喜其奔放，做常建五律，賞其幽淡。二種風格互相對立，而歐陽修皆推崇之。《六一詩話》云：「聖俞、子美齊名於一時，而二家詩體特異。子美筆力豪雋，以超邁橫絶爲奇；聖俞覃思精微，以深遠閒淡爲意。各極其長，雖善論者不能優劣也。」蘇舜卿、梅堯臣正代表了上述兩種風格，而都得到歐陽修的喜愛。

但歐陽修學常建也未能深造其境，故其詩以平白見長，而餘味不足。查愼行云：「宛陵詩極爲歐陽公所推重，其古淡高潔，洵在歐上。」（李慶甲《瀛奎律髓彙評》卷一）王漁洋謂歐陽修「才盡禪房花木深」，其微意正在此。

歐陽修之學韓愈、學常建都與變西崑體有關。宋初，無論文壇詩壇，楊（億）、劉（筠）風氣都頗盛行。《歐陽文忠公文集》卷六十九《記舊本韓文後》云：「天下學者楊、劉之作號爲時文，能者取科第擅名聲以誇榮富。」《蘇氏文集序》又云：「學者務以言語聲偶擿裂，號爲時文。」《六一詩話》云：「蓋自楊、劉唱和，《西崑集》行，後進學者爭效之，風雅一變，謂之『崑體』。由是唐賢諸集幾廢而不行。」但歐陽修反對時文「浮巧」的文風，又肯定其「爲功亦不易」（《歐陽文忠公文集》卷四十七《與荊南樂秀才書》）其不滿西崑詩風，但對崑體雄文博學亦有肯定。《六一詩話》云：「

楊大年與錢、劉數公唱和，自《西崑集》出，時人爭效之，詩體一變。而先生老輩，患其多用故事，至於語僻難曉，殊不知自是學者之弊。如子儀《新蟬》云：『風來玉宇烏先轉，露下金莖鶴未知。』雖用故事，何害爲佳句也！又如『峭帆橫渡官橋柳，疊鼓驚飛海岸鷗』，其不用故事，又豈太佳乎？蓋其雄文博學，筆力有餘，故無施而不可，非如前世號詩人者，區區於風雲草木之類，爲許洞所困者也。」

歐陽修雖不反對西崑作家的講求技巧、用事，但他對西崑及其步武者的浮華、晦澀、卑弱卻有所不滿，故推崇李白、韓愈才氣縱橫、感情奔放的詩，又激賞常建清幽閒淡之詩。由於其創作實踐及大力提倡，扭轉了宋初的詩風。

王士禛對歐陽修學韓愈、學常建都是肯定的，只是嫌其有所未至。漁洋於七言古，無論對杜甫、韓愈一派，還是王維、李頎一派都甚推尊；於五言，則僅稱賞王孟韋柳一派。歐陽修的路數正於漁洋見解相合，故得漁洋肯定。但於七律則不然。《石林詩話》云：「歐陽文忠公詩始矯『昆體』，專以氣格爲主，故其言多平易流暢，律詩意所到處，雖語有不倫，亦不復問。」以氣格爲主，正與雕章琢句、講究聲律辭藻相反。這對形成宋詩風貌起了極爲重要的作用。《瀛奎律髓》卷四言其「七言律力變崑體，不肯一毫涉組織，自成一家，高於劉、白（按，許印芳謂當作「楊、劉」）多矣。」也對其持肯定態度。但王士禛則持否定態度，《師友詩傳錄》謂：七律「宋初學西崑，於唐卻近。歐、蘇、豫章始變西崑，去唐卻遠。」又《漁洋文》云：「自有宋歐、梅、蘇、黃已後，律詩多變體，求其抑揚抗墜，有唐人遺音者，百無一焉。」漁洋之批評歐、梅、蘇律詩，乃是因爲三人之律詩不符合其關於七律之審美標準，而這一標準乃是唐人之格調。翁方綱《七言律詩鈔・凡例》云：「新城司寇（王士禛）論七律，於唐則數右丞、東川、少陵、義山，於宋則數放翁。此後則遂數及空同（李夢陽）、滄異（李攀龍），可見新城時時有盛唐格調在心目間也。」翁方綱謂漁洋神韻「乃格調之別名」，這是一個重要原因。

十五

林際春申語太顛，① 園林半樹景幽偏。②
豫章孤詣誰能解，不是曉人休浪傳。③

注：

①「雲中下蔡邑，林際春申君」，宋初九僧詩句，全詩現已無可考。下蔡邑，地名，古屬楚國。春申君，春秋時期四大公子之一，楚國人，封地在淮北一帶，後改封於江東。

②林逋《梅花》：「吟懷長恨負芳時，爲見梅花輒入詩。雪後園林纔半樹，水邊籬落忽橫枝。人憐紅艷多應俗，天與清香似有私。堪笑胡雛亦風味，解將聲調角中吹。」黄庭堅《山谷題跋》卷二《書林和靖詩》：云「歐陽文忠公極賞林和靖『疏影横斜水清淺，暗香浮動月黄昏』之句，而不知和靖別有《詠梅》一聯云：『雪後園林纔半樹，水邊籬落忽横枝。』似勝前句，不知文忠何緣棄此而賞彼。文章大概亦如女色，好惡止繫於人。」按「疏影」句出自林逋《山園小梅》，全詩爲：「眾芳搖落獨暄妍，占盡風情向小園。疏影横斜水清淺，暗香浮動月黄昏。霜禽欲下先偷眼，粉蝶如知合斷魂。幸有微吟可相狎，不須板檀共金樽。」

③王士禛《居易錄》：「山谷云：「『氣蒸雲夢澤，波撼岳陽城』，不如『雲中下蔡邑，林際春申君』；『疏影橫斜水清淺，暗香浮動月黃昏』，不如『雪後園林纔半樹，水邊籬落忽橫枝』。」此論最有神解。《後山詩話別記》云：「魯直謂『笙歌歸院落，燈火下樓臺』，不如『落花游絲白日靜，鳴鳩乳燕青春深』；『氣蒸雲夢澤』云云，不如『光涵太虛室，波動岳陽樓』。」此語大減。上二聯雅俗判然，不煩秤量。下一聯，孟句雄渾天成；若『光涵太虛室』，是何等語！必記者之誤，非黃論也。」漁洋此兩句詩就是針對《後山詩話別記》而發。

孟浩然《臨洞庭湖》云：「八月湖水平，涵虛混太清。氣蒸雲夢澤，波撼岳陽城。欲濟無舟楫，端居恥聖明。坐觀垂釣者，徒有羨魚情。」其中「氣蒸雲夢澤，波撼岳陽城」一聯氣象極爲雄渾。《西清詩話》云：「洞庭天下壯觀，自昔騷人墨客題之者衆矣。如『水涵天影闊，山拔地形高』，『四顧疑無地，中流忽有山』，『鳥飛應畏墮，帆遠卻如閒』，皆見稱於世。未若孟浩然『氣蒸雲夢澤，波撼岳陽城』，則洞庭空曠無際，氣象雄壯如在目前。」（《竹莊詩話》卷六引）王漁洋亦曾從煉字角度評此兩句云：「字法要煉，然不可如王覺斯之煉字，反覺俗氣可厭。如『氣蒸雲夢澤，波撼岳陽城』。『蒸』字、『撼』字，何等響，何等雄，何等警拔也！」（《然鐙記聞》）但黃庭堅卻認爲此二句不如九僧「雲中下蔡邑，林際春申君」，這裡「雲中下蔡邑」一句，極目遠眺，天地相接，景象極爲曠遠。「林際春申君」一句亦寫空曠之景象，其中「春申君」當是由人而借代其封地，以避免上下句同出地名，有重複之嫌。但此句的句法甚怪，謂「林際春申君」，與事理不通。故漁洋謂其「語太顛」。但漁洋之所謂「語太顛」，是由常人常情常理言之的，若從黃庭堅言之，則其於這句詩頗有「孤詣」，漁洋認爲山谷之論「最有神解」，這是不可向常人言的。《後山詩話別記》就誤記山谷之論，這正是不解的表現，故漁洋謂「誰能解」。對黃庭堅極賞這聯詩，後人有頗持異議者，薛雪《一瓢詩話》謂「山谷本以驫怪險僻爲法門，故『林際春申君』以爲佳也。」葉矯然《龍性堂詩話初集》云：「涪翁（黃庭堅）稱『疏影橫斜水清淺，暗香浮動月黃昏』，不如『雪後園林才半樹，水邊籬落忽橫枝』，自有別致可想。至謂『氣蒸雲夢澤，波撼岳陽城』，不如『雲中下蔡邑，林際春申君』，則太欺人耳。王貽上（士禛）亦云其語太顛，是也。」這裏葉氏實是誤會了漁洋此詩的意見。但黃山谷的「孤詣」究竟在哪裏，漁洋所謂「神解」究竟是什麼，他們都未明說，或許正如黃庭堅所云「文章大概亦如女色，好惡止繫於人」吧。

「雪後園林景幽偏」一句是談詠物詩問題。「疏影橫斜水清淺，暗香浮動月黃昏」一向被認爲是詠梅的的名句。司馬光《溫公續詩話》云：「林逋處士……人稱其《梅花詩》云『疏影橫斜水清淺，暗香浮動月黃昏』，曲盡梅之體態。」《彥周詩話》謂：「大凡和靖（林逋）集中，梅詩最好，梅花詩中，此兩句尤奇麗。」宋人亦有並賞其「雪後園林」一聯者，如《環溪詩話》云：「詠物詩，本非初學可及，而莫難於梅、竹、雪。詠梅，無如林和靖『疏影橫斜水清淺，暗香浮動月黃昏』，又『雪後園林才半樹，水邊籬落忽橫枝。』」而對這兩聯首作軒輊的是黃庭堅，以爲「雪後」一聯勝「疏影」。

王士禛亦贊成黃庭堅的看法，這里所謂「景幽偏」亦同於上句，乃是從常人的角度言之。雪後的園林盡目皆雪，甚爲空闊，而其間僅有半樹梅花開；一支梅花透過籬落，卻又是在水邊僻處。以常人眼光觀之，其寫景確乎「幽偏」。但在漁洋看來，黃庭堅之見解是有孤詣的。其《蠶尾續文》云：「詠物之作，須如禪家所謂不黏不脫，不即不離，乃爲上乘。古今詠梅花者多矣，林和靖『暗香、疏影』之句，獨有千古，山谷謂不如『雪後園林才半樹，水邊籬落忽橫枝』；而坡公『竹外一枝斜更好』，識者以爲文外獨絕，此其故可爲解人道耳。」（《帶經堂詩話》卷十二）又《漁洋詩話》云：「梅花無過坡公『竹外一枝斜更好』七字，及『雪後園林才半樹，水邊籬落忽橫枝』。高季迪（啓）『雪滿山中高士臥，月明林下美人來』，亦是俗語。若晚唐『認桃無綠葉，辨杏有青枯』，直足噴飯。」漁洋之認爲「雪後」一聯高於「疏影」一聯，乃是從其神韻說出發的。漁洋所謂「不黏不脫，不即不離」，正是要求詠物詩要有神韻。張宗柟云：「神韻二字尤詠物家三昧，自非天機清妙，含毫邈然，縱隸事極工，繪形唯肖，只似畫苑中一派，去徐、黃寫生之筆遠矣。王尙書弇州云：詠物詩至難得佳，花鳥尤費手，大抵拈則滯，切則俗，惜格則遠，惜情則卑。數語入妙，非其人不知。如青邱『雪滿山中』一聯，至今膾炙人口，《藝苑卮言》亦采之，山人獨斥爲俗格，具眼若斯，可空古今作者。」（《帶經堂詩話》卷十二附識）

以漁洋神韻說相衡，「疏影」一聯誠工誠切，但正爲其工其切，較之「雪後」一聯，則神韻稍嫌不足。

十六

鐵厓樂府氣淋漓，① 淵穎歌行格盡奇。②
耳食紛紛說開寶，幾人眼見宋元詩。

注：

①楊維楨（一二九六—一三七〇），字廉夫，號鐵崖（一作厓），諸暨（今屬浙江）人，泰定進士，官至建德路總管府推官。有《東維子文集》、《鐵崖先生古樂府》等。張伯雨《鐵崖先生古樂府敍》曰：「《三百篇》而下，不失比興之旨，唯古樂府爲近。今代善用吳才老韻書，以古語駕御之，李季和、楊廉夫遂稱作者。廉夫又縱橫其間，上法漢魏，而出入於少陵、二李（李白、李賀）之間，故其所作古樂府辭隱然有曠世金石聲，……又時出龍鬼蛇神，以眩蕩一世之耳目，斯亦奇矣。」李東陽《麓堂詩話》：「廉夫深於樂府，當所得意，若有神助，但恃才縱筆，多率易而作，不能一一合度。」顧起綸《國雅品》，云：「楊聘君廉夫才高情曠，詞雋而麗，調淒而惋，特優於古樂府。」錢謙益《列朝詩集小傳》曰：「余觀廉夫，問學淵博，才力橫軼，掉鞅詞壇，牢籠當代。古樂府其所自負，以爲前無古人。徵諸句曲，良非夸大。以其詩體言之，老蒼奡兀，取道少陵，未見脫換之工；窕眇娟

麗，希風長吉，未免刻畫之誚。」《四庫全書總目提要》云：「維楨以樂府擅名。……元之季年，多效溫庭筠體，柔媚旖旎，全類小詞。維楨以橫絕一世之才，乘其弊而力矯之。根柢於青蓮、昌谷，縱橫排奡，自闢町畦。其高者或突過古人，其下者亦多墮入魔趣。故文采照映一時，而彈射者亦復四起。然其中如《擬白頭吟》一篇曰：『買妾千黃金，許身不許心。使君自有婦，夜夜《白頭吟》。』與《三百篇》風人之旨亦復何異？特其才務馳騁，意務新異，不免滋末流之弊，是其一短耳。去其甚則可，欲竟廢之，則究不可磨滅也。」（卷一六八「鐵崖古樂府」條。）

②吳萊（一二九七——一三四〇）字立夫，門人私謚淵穎先生，浦陽（今分屬浙江義烏、蘭溪）人。延祐間舉進士不第，隱居松山，有《淵穎吳先生集》。胡助《浦陽淵穎吳先生文集序》：「立夫氣稟尤異，負絕倫之才……下筆爲文，如雲興水涌，……文章滔滔汩汩，一瀉千里，如長川大山之宗夫海嶽也，如千兵萬馬啣枚疾馳而不聞其聲也。嗚呼壯哉！他人恒苦其淺陋，立夫獨患其宏博者也。」（《純白齋類稿》卷二十）王士禛《七言詩凡例》云：「元詩靡弱，自虞伯生而外，唯吳立夫長句瑰瑋有奇氣。」翁方綱《石洲詩話》卷五：「吳淵穎《泰山高》，倣歐公（歐陽修）《廬山高》也。奇氣似欲駕出其上。韓文公云：『橫空盤硬語，妥帖力排奡。』此評孟東野，卻不甚肖；若以評吳淵穎，卻肖也。淵穎詩奇情異彩，都從生硬斲出，又以自己胸中鎔經鑄史之氣，而驅使一時才俊之字句，卓然豪宕，淩厲無前。」斯皆推淵穎詩歌之奇，然《昭昧詹言》卷十二云：「惜抱先生（按即姚鼐）曰：『按道園（按即虞集）詩近緩弱；立夫似勝之，然氣不遒，轉語多粗硬，時有傖氣，

不及道園得詩人韻格。阮亭極取之，謬矣。往時海峰（按即劉大櫆）先生論詩，言立夫七古在伯生上，今乃知此評不公。而海峰沒矣，無從証之，深爲慨息。』」所謂傖氣也者，方東樹在同卷作了說明：「立夫傖俗，乃開袁簡齋、趙甌北、錢籜石等派，不可令流毒後人。固是才氣縱宕爲主，而不知古人用筆法，用意不能深諧，一往便成。此種粗才，驚俗眼而已。求甚以古人深韻，不復可見。觀李、杜、韓、蘇便悟。」

翁方綱《石洲詩話》評此首詩曰：「此首意若偏嗜吳立夫者。又不解末句『宋元詩』『宋』何指也。《七言凡例》亦謂淵穎勝廉夫，此在漁洋幼讀吳立夫詩故云爾。然吳立夫詩，頗帶麤獷之氣。先生遽以廁諸遺山、道園七古之後，似未稱也。」又宗廷輔《古今論詩絕句》曰：「提要曰：『文章派別，不主一塗。但可以工拙爲程，未容以時代爲限。宋詩導黃、陳之派，多生硬杈枒；元詩沿溫、李之波，多綺靡婉弱。論其流弊，誠亦多端。然鴻篇鉅制，亦不勝數。何容刪除兩代，等之自鄶無譏。士禛此詩，殆爲夢陽輩發歟。』愚謂漁洋不廢宋元，持論自公，然遽謂其以耳食指夢陽恐不然。文達（按即紀昀）殆未見舊刪『緩步崆峒』一首也。又曰：『士禛論詩，以萊配維楨，而其所選七言古詩，乃錄萊而不錄維楨。蓋維楨爲詞人之詩，萊則詩人之詩，恃氣縱橫，與覃思冶鍊，門戶固殊。士禛《論詩絕句》作於任揚州推官時，而《古詩選》一書，則其後來所定，所見尤深云。』」

按翁氏謂此首漁洋偏嗜吳立夫，當是受漁洋《七言詩凡例》的影響，其實誤矣。漁洋此詩中當是以楊、吳並立，其對楊維楨的認識有一變化過程，《總目》所云當是。其《七言詩凡例》云：「元詩靡弱，自虞伯生而外，唯吳立夫長句瑰瑋有奇氣。雖疏宕或遜前人，視楊廉夫之學飛卿、長吉，區以別矣。」按漁洋選七言古詩，當選其尤符合七古的文體風格者，即所謂有古意者。而漁洋對李賀、溫庭筠歌行評價不高。其《香祖筆記》評明詩人王彝謂其「歌行擬李賀、溫庭筠，殊墮惡道。」《師友詩傳續錄》載其語曰：「若元楊維楨、明李東陽各爲新樂府，古意寖遠，然皆不相蹈襲。」此處雖肯定其不相蹈襲，但已恨其古意寖遠。漁洋又云：「楊鐵崖時涉溫、李，其小樂府亦過晚唐。」又《池北偶談》謂：「昔人謂《竹枝》歌詞雖鄙俚，當有三緯遺意。山谷聞人歌劉夢得《竹枝》，嘆曰：『此奔軼絕塵，不可追也。』夢得後工此體者，無如楊廉夫、虞伯生。」《漁洋詩話》亦云：「《竹枝》古稱劉夢得、楊廉夫。」這些都是從肯定的角度而言。但學溫、李，不免綺靡之氣，而又以《竹枝詞》勝，則亦與詞相近，故《總目》謂其爲詞人之詩。趙翼《甌北詩話》卷八：「元末明初，楊鐵崖最爲巨擘。然險怪倣昌谷，妖麗倣溫、李，以之自成一家則可，究非康莊大道。」漁洋選七言古詩軒吳而輕楊，殆由其對七古之文體風格的見解所決定。

「耳食紛紛說開寶，幾人眼見宋元詩。」這二句所指者爲誰？《四庫全書總目提要》曰是針對李夢陽輩而發，陸鎣亦贊同此語，其《問花樓詩話》卷二云：「宋詩好議論，元詩近詞曲，昔賢固有定論，然有元一代之作不可廢也。自李空同倡不讀唐以後書之說，前後七子唾棄元詩爲不足道。漁洋《論詩絕句》元：『鐵崖樂府氣淋漓……』爲空同輩發也。」宗廷輔以非是，而以刪去的一首詩作證。

按此首之下，原尚有一首元：「李杜光芒萬丈長，昌黎《石鼓》氣堂堂。吳萊蘇軾登廊廡，緩步空同獨擅場。」此詩爲《精華錄》所刪。該詩實是以古詩爲基點立論。漁洋之論李杜古詩已見前。其《七言詩凡例》論韓愈云：「杜七言千古標準，自錢、劉、元、白以來無能步趨者。貞元、元和間，學杜者唯韓文公一人耳。」評蘇軾云：「文忠公（按即蘇軾）七言長句之妙，自子美、退之後，一人而已。」評李夢陽云：「何、李學杜，厭諸家之坦迤，獨於沉郁頓挫處用意。」又《池北偶談》謂：「宋明以來詩人學杜子美者多矣，……獻吉得杜體。」此言得杜體者，謂其在形式風格上相似，即所謂獨於沉郁頓挫處用意也。而就七古論，漁洋認爲李夢陽上繼李、杜、韓、蘇、吳諸人，評價极高，後嫌評價太高，故《精華錄》刪之。翁方綱謂：「既以韓《石鼓歌》接李、杜光焰，顧何以吳立夫繼之？且以吳居蘇前，可乎？且以李空同繼之，可乎？此則必不可以示後學者矣。」翁氏之意以爲漁洋對吳萊、李空同評價太高。

既是原有此首詩在「鐵厓樂府」一首之後，則耳食者並非指李夢陽輩。然宗廷輔亦未明言所指。按漁洋《蠶尾集》有《高津草堂詩集序》云：「三十年前，予初出，交當世名輩，見夫稱詩者，無一人不爲樂府，樂府必漢《鐃歌》，非是者弗屑也；無一人不爲古選，古選必《十九首》、公讌，非是者弗屑也。予竊惑之，是何能爲漢魏者之多也？歷六朝而唐、宋，千有餘歲，以詩名其家者甚衆，豈其才盡不今若耶？是必不然。故嘗著論，以爲唐有詩，不必建安、黃初也；元和以後有詩，不必神龍、開元也；北宋有詩，不必李、杜、高、岑也。」這一段所言實是此詩寫作時的詩壇情況。其「元白張王皆古意，不曾辛苦學妃豨」正是批評當時人擬漢樂府的。故「耳食紛紛說開寶」當是指當時詩壇的風氣而言。

晚明公安、竟陵之後，以陳子龍為首的雲間派詩人又舉起七子復古的旗幟。這種勢力一直延續到清初。朱彝尊《曝書亭集》卷三十七《錢舍人詩序》云：「華亭自陳先生子龍倡為華縟之體，海內稱焉，二十年來鄉曲效之者往往模其形似而遺其神明。」不僅是雲間派，婁東吳偉業亦主盛唐，就連虞山詩派馮班等人亦主漢魏盛唐。馮班《鈍吟雜錄》卷三謂：「古詩法漢魏，近體學開元、天寶，譬如儒者，愿學周、孔，有志者諒當如此。」賀裳、吳喬等亦都如此。王漁洋蓋對這種風氣不滿，其《花草蒙拾》云：「雲間諸公論詩，持格律，崇神韻，然拘於方幅，泥於時代，不免為識者所少。」又云：「廢宋詞而宗唐，廢唐詩而宗漢魏，廢唐宋大家之文而宗秦漢，然則古今文章一畫足矣，不必三墳八索，至六經之史，不幾贅疣乎。」遂倡宋元詩。

郭紹虞主編《中國歷代文論選》曰：「士禛早年選《神韻集》專言唐音，為時是較短的。大約在三十歲以後，士禛的創作傾嚮，已擴大到宋人蘇、黃以下。」將士禛倡宋元詩斷在三十歲以後，是不準確的。我們在第十二首論黃庭堅中已提到漁洋喜黃庭堅至少在順治十六、十七年即王士禛二十六、七歲時已然。而《神韻集》之選據惠棟《漁洋山人年譜》繫之於順治十八年（漁洋時年二十八歲）；《金榮所撰年譜則繫之於康熙元年（漁洋時年二十九歲），可見漁洋之喜黃山谷在《神韻集》之前。《論詩絕句》惠棟繫之康熙元年，金榮繫之康熙二年，總之在《神韻集》之選的次年。而絕句前論韋、柳等人亦主神韻，可見此時漁洋主神韻與言宋元是並行的。

漁洋於作《論詩絕句》之後五年作《冬日讀唐宋金元諸家詩偶有所感各題一絕於卷後》（《精華錄》卷六下）謂：「一代名士孰主賓，中天坡谷兩嶙峋」，並推蘇黃；又有一首推陸游，對元裕之、虞伯生亦各題一首稱之。

翁方鋼以為「何人眼見宋元詩」，「宋」字落空而無所指。其實漁洋後二句乃是由前二句生發而出的議論，宋元與開寶相對，並非實指。翁方鋼定要坐實「宋」字所指，近於迂矣。

十七

藐姑神人何大復，① 致兼南雅更王風。②
論交獨直江西獄，③ 不獨文場角兩雄。④

注

①藐姑神人，《莊子·逍遙游》：「藐姑射之山有神人居焉，肌膚若冰雪，綽約若處子。」何景明（一四八三—一五二一），字仲默，號大復山人，河南信陽人，弘治十五年（一五〇二）進士，官至陝西提學副使。與李夢陽力倡復古，爲前七子之一，有《大復集》。《明史·何景明傳》：「景明志操耿介，尚節義，鄙榮利，與夢陽並有國士風。」陳田《明詩紀事》引陳子龍語云：「仲默姿製贏秀，神氣和朗，發徽音，吐芳訊，令人有形穢之恥。」陳田云：「大復骨清神秀，龍鳳之資。」此句言何景明有超脫凡俗之資。

②《詩經·小雅·鍾鼓》：「以南以雅。」雅，指大、小雅；南，指周南、召南；王風，指十五國風之一。王廷相序何景明《大復集》云：「仲默侵風匹雅欲騷儷選，遐追漢魏，俛視六朝，溫醇典雅，丰容色澤，靡不備舉。」穆敬甫云：「何詩清淑典麗，鑑然瑩然，眞得風人溫柔敦厚之旨。」陳田《

明詩紀事》丁籤卷一引李舒章語謂：「仲默才爲風始，學擅雅宗。」

③江西獄：李夢陽曾因忤劉瑾免官，「瑾誅，起故官，遷江西提學副使。令甲，副使屬總督，夢陽與相抗，總督陳金惡之。監司五日會揖巡按御史，夢陽又不往揖，且敕諸生毋謁上官，即謁，長揖毋跪。御史江萬實亦惡夢陽。淮王府校與諸生爭，夢陽笞校。王怒，奏之，下御史按治。夢陽恐萬實右王，訐萬實。詔下總督金行勘，金檄布政使鄭岳勘之。夢陽僞撰萬實劾金疏以激怒金，並搆岳子沄通賄事。寧王宸濠者浮慕夢陽，嘗請撰《陽春書院記》，又惡岳，乃助夢陽劾岳。萬實復奏夢陽短，及僞爲奏章事。參政吳廷舉亦與夢陽有隙，上疏論其侵官，不俟命徑去。詔遣大理卿燕忠往鞫，召夢陽，羈廣信獄。」（《明史・李夢陽傳》）「李夢陽下獄，衆莫敢爲直，景明上書吏部尚書楊一清救之。」（《明史・何景明傳》）

④兩雄，指李夢陽、何景明，世以李何並稱。錢謙益《列朝詩集小傳・何副使景明》：「仲默初與獻吉創復古學，名成之後，互相詆諆，兩家堅壘，屹不相下。於時，低頭下拜，王美陂（九思）倒前途之戈；俊逸粗浮，薛西原（蕙）分北軍袒。則一時之軒輊已明，身後之玄黃少息矣。」王九思先學李東陽，李夢陽出，又轉與李夢陽交，頗受其影響。但後《漫興》詩則云：「仲默親從獻吉遊，高才少悟孰能儔？寧獨老夫堪下拜，即教獻吉也低頭。」以何高於李，故錢氏謂其倒前途之戈。朱彝尊《靜志居詩話》云：「弘正間，作者倡復古學，同調六七人，李、何實爲之長。李以秀朗推何，何以偉麗目李，其後互相牴牾。何謂李搖鞞振鐸，李誚何摶沙弄泥，譬之鍼砭，不中腧穴，徒嘵耳。

兩君皆負才傲物，何稍和易，以是人多附之。薛君采詩云：『俊逸終憐何大復，粗豪不解李空同。』自此詩出，而抑李申何者日漸多矣。」

翁方綱《石洲詩話》云：「此以下十四首皆論明朝詩，而其間贊美李、何者凡數首。此一首贊何大復亦太過，其云『王風』，亦不可解，豈以十五國風中王風之風，近於雅耶？不思《黍離》降為《國風》，正以其不能列於《雅》耳。而《中谷》、《大車》諸篇，豈能超出《干旄》、《淇澳》諸篇上乎？若以《詩三百》比喻明詩，則愚竊謂唐宋已來皆眞詩，惟至明人始尙僞體，至李、何一輩出，而眞詩亡矣！則或以詩亡喻李、何庶幾其可乎？揆先生之意，卻又未必如此。而妄云『王風』，又以藐姑射之神人推何大復，何異塗抹粉黛，以為仙姿者乎？」

按漁洋云「致兼南雅更王風」，周南、召南與王風俱屬國風，此句實言何景明致兼風雅。翁方綱以為王士禛對李、何的推崇都太過（參見第十六藐箋釋），其實漁洋之推崇李、何，這與其家學的淵源有關。錢謙益序《漁洋詩集》謂：「閩人林古度論次其集，推季木為先河，謂家學門風淵源有自。」按王季木（象春）乃漁洋十七叔祖，萬歷三十八年進士，與錢謙益同年，其詩學李空同，《列朝詩集小傳・王考功象春》云：「季木於詩文，傲睨輩流，無所推遜，獨心折於文天瑞（翔鳳）。兩人學問皆以近代為宗。天瑞贈詩曰：『元美吾兼愛，空同爾獨師』，其大略也。」由上可見王士禛詩與七子詩派亦有淵源關係。計東《改亭集》卷四《甯益賢詩集序》謂王漁洋評甯益賢詩稱其兼空同（李夢陽）、歷下（李攀龍），計東云：「考貽上評次之時，在己亥、庚子間（按：順治十六、十七年，漁洋二十六、七歲），此時貽上意中猶習聞前輩之論，以爲……空同、歷下守唐人家法者也。」而錢謙益序《漁洋詩集》，贈其五言詩云：「勿以獨麟角，儷彼萬牛毛。」萬牛牛者實指復古派也，此詩已曲含規勸之意。漁洋《論詩絕句》作於三十歲時，距評甯詩時僅隔三年，其《論詩絕句》中對空同、大復之盛推，可見其評次甯詩時思想的痕跡。宗廷輔《古今論詩絕句》云：「先生少年瓣香七子，於此二首（按指刪去的評李夢陽一首與此首）窺之。」

錢謙益是痛斥七子復古的，其《列朝詩集小傳》評李夢陽：「獻吉以復古自命，曰古詩必漢魏，必三謝，今體必初盛唐，必杜，舍是無詩焉。牽率模擬剽賊於聲句字之間，如嬰兒之學語，如桐子之洛誦，字則字，句則句，篇則篇，毫不能吐其心之所有，古之人固如是乎？」何景明曾謂：「溺於陶，謝力振之，古詩之法亡於謝；又靡於隋，韓力振之，古文之法亡於韓。」錢謙益對此深爲不滿，云：「運世遷流，風雅代變，西京不得不變爲建安，太康不得不變爲元嘉，康樂之興會標舉，寓目即書，內無乏思，外無遺物，正所以暢漢魏之飆流，革孫、許之風尚，今必欲希風班、馬，方駕曹、劉，割時代爲鴻溝，畫晉宋爲鬼國，徒抱刻舟之愚，自違捨筏之論。」

與錢謙益對李、何的猛烈抨擊相反，王士禛對李、何則持正面的肯定的態度。王士禛選徐禎卿、高叔嗣二家詩，序云：「明興至弘治百有餘年，李何崛起中州，吳有昌穀徐氏爲之羽翼，相與力追古作，一變宣、正以來流易之習，明音之盛，遂與開元、大曆同風。」又在《華泉集》序中云：「明詩莫盛於弘正，弘正之詩莫盛於四傑。四傑者，北地空同李氏（夢陽），汝南大復何氏，吳郡昌國徐氏（禎卿，徐禎卿又字昌穀），其一則吾郡華泉邊公（貢）。四傑之外，又稱七子。」王士禛以弘正爲明詩的最興盛階段，而此一階段又推李、何爲首，可見其對李、何之評價頗高。

漁洋於錢謙益抨擊七子頗有異議，其《居易錄》云：「牧齋訾謷李、何，則並李、何之友如王襄敏，孟大理輩而俱貶之；推戴李賓之（東陽），則並賓之門生如顧文僖輩俱褒之。」錢謙益選《列朝詩》對李東陽頗多贊譽，而力貶李（夢陽）、何（景明）。王士禛則以李、何與李東陽俱有淵源關係。其《池北偶談》曰：「海鹽徐豐厓（咸）《詩談》云：『本朝詩莫盛國初，莫衰宣（德）、正（統）。至弘治，西涯（李東陽）倡之，空同、大復繼之。自是作者森起，於今爲烈。』當時前輩之論如此。蓋空同、大復皆及西涯之門。虞山（錢謙益）撰《列朝選》，乃力分左右袒，長沙（李東陽）、何李，界若鴻溝。後生小子，竟不知源流所自，誤後學不淺。」

王漁洋之所以對李、何甚爲推崇，主要爲其詩學主張亦有相通之處。李夢陽主張近體學初盛唐，學杜，古體學漢魏，何景明《海叟集序》云：「蓋詩雖盛稱於唐，其好古者自陳子昂後，莫若李杜二家。然二家歌行、近體，誠有可法，而古作尚有離去者，猶未盡可法之也。故景明學歌行、近體，有取於二家，旁及唐初盛唐諸人，而古作必從漢魏求之。」（《大復集》卷三十四）王士禛亦主張歌行學李、杜，尤其是學杜，其《論詩絕句》刪去的一首（「李杜光芒萬丈長，昌黎《石鼓》氣堂堂。吳萊蘇軾登廊廡，緩步崆峒獨擅場」）對李夢陽歌行評價甚高，以之上承李杜、蘇軾、吳萊（參見第十六首總論）。儘管宗廷輔認爲「竟躋崆峒於古大家之列，此自先生少時之見。晚年已悟其非。故其撰《精華錄》削去此首」，但王漁洋對李夢陽的評價並沒有本質性的改變。王士禛選刻徐禎卿、高叔嗣集及邊貢集是在康熙乙卯（康熙十四年，一六七五），漁洋時年四十二歲，其序文猶推尊李、何。王士禛選七言詩在康熙二十二年（一六八三），漁洋時年五十歲，此選以杜甫爲宗，而肯定李、何學杜。漁洋對何景明歌行也甚爲推重，成書於漁洋七十六歲的《分甘餘話》云：「胡元瑞（應麟）論明人歌行，極尊空同，而略於大復。不知何《聽琴》、《獵圖》、《送徐少參》、《津市打魚》諸篇，深得少陵之髓，特以秀色掩之耳。胡專舉《明月》、《帝京》，陋矣。」

漁洋主張七言近體學杜甫、王維，學李頎，李、何主張近體學杜，學初盛唐，兩者的主張是相通的。李夢陽七言近體學杜，王漁洋對其評價很高。《居易錄》曰：「同年劉吏部公㦷云：『七律較五律多二字耳，其難什倍。譬開硬弩，祇到七分，若到十分滿古今亦罕矣。』予最喜其語。因思唐末以來，爲此體者，何翅千百人，求其十分滿者，唯杜甫、李頎、李商隱、陸游，及明之空同，滄溟二李數家耳。」

李夢陽主張古詩學漢魏、三謝，何景明主張學漢魏，這一點也與漁洋相通。王漁洋選五言古詩，對漢魏評價極高，但不同於李、何，漁洋對六朝、尤其是三唐之能復古者如陳子昂、張九齡、李白、韋應物、柳宗元等都給予很高評價，較之李夢陽、何景明的學習範圍廣得多。

總之，王漁洋雖與李夢陽、何景明具體的文學主張有不小的差異，但他們在學習古人的途徑與方式上則是相通的。這一點是其對復古派評價較高的主要原因。

十八

三代而還盡好名，① 文人從古善相輕。②
君看少谷山人死，獨有平生王子衡。③

注：

①《左傳》：「太上有立德，其次有立功，其次有立言，雖久不廢，此之謂不朽。」曹丕《典論．論文》云：「蓋文章經國之大業，不朽之盛事。年壽有時而盡，榮樂止乎其身，二者必至之常期，未若文章之無窮。」

②曹丕《典論．論文》，「文人相輕，自古而然。」

③少谷山人：鄭善夫（一四八五—一五二三），字繼之，福建閩縣人，弘治十八年（一五〇五）進士，官戶部主事，有《少谷山人集》。王子衡（一四七四—一五四四），即王廷相，儀封（今河南蘭考）人。弘治十五年（一五〇二）進士，官至左都御史。王廷相與李夢陽、何景明等稱號「前七子」。啓浣注：「『海內談詩王子衡，春風坐徧魯諸生。』鄭繼之詩也。二公初不相識。鄭死，王見此詩，數千里入閩，經紀其喪。」王世貞《藝苑卮言》卷七：「鄭郎中善夫初不識王儀封廷相，作《漫興》

十首，中有云：『海內談詩王子衡，春風坐徧魯諸生。』後鄭卒，王始知之，爲位（設靈位）而哭，走使千里致奠，爲經紀其喪，仍刻其遺文。人之愛名也如此。」王廷相論詩及作詩並不出李何範圍。錢謙益《列朝詩集小傳．王宮保廷相》謂「子衡起何、李之後，凌厲馳騁，欲與並駕齊驅。與郭价夫論詩，謂《三百篇》比興雜出，意在辭表；《離騷》引喻借論，不露本情，而以《北征》、《南山》諸篇，爲詩人之變體，騷壇之旁軌，其托寄亦高且遠矣。其序李同集則云：『杜子美雖云大家，要自成巳格爾，元稹稱其薄風雅，呑曹劉，固知其溢言矣。其視空同規尚古始，無所不極，當何以云？』信斯言也，秦漢以來，掩蔽前賢，牢籠百代，獨空同一人乎？微之之推少陵爲溢言，而子衡之推空同爲篤論乎？子衡盛稱何、李，以謂侵謨匹雅，欲騷儷選，遐追周漢，俛視六朝，近代詞人，尊今卑古，大言不慚，未有甚於子衡者！嘉靖七子，此風彌煽，微吾長夜鞭弭中原，令有識者掩口失笑，實子衡導其前路也。子衡五七言古詩，才情可觀，而摹擬失眞，與其論詩頗相反，今體詩殊無解會，七言尤爲笨濁，於以驂乘何、李，爲之後勁，斯無愧矣。」朱彝尊《靜志居詩話》云：「浚川（王廷相號浚川）……序空同子詩，稱其掩蔽前賢，命令當世，秦漢以來寡見其儔。然空同名成之後，目空四海。觀《送昌穀之湖湘》詩，述一代人文之盛，有云：『是時少年誰最文，太常、邊丞、何舍人。』三子而外，並不及浚川隻字也。鄭繼之未嘗謀面，乃有句云『海內談詩王子衡，春風坐徧魯諸生』，宜浚川見之有知己之感。於繼之身後賦《少谷子歌》，焚其藁於燕，望闕再拜。歌云：『彼時才傑游常傍，信陽之何棠陵方。大梁翩翩李川甫，吏部薛生尤擅場。』於空同亦未齒及，不無憾焉矣。他日作《遺興》十首，……獨於空同則云：『疏越朱絃大雅沉，始知清廟有遺音。峽江迫阨湍瀾出，可是空同太劇心。』殆有微辭焉。信乎恩怨之難忘也。」（《明詩綜》卷三十一）

此首蓋嘆知己之難遇，清初計東曾爲此詩深深感動亦爲之作記。其《甫里集》（按，王漁洋《居易錄》作《甫草集》。北京圖書館藏康熙刊本作《甫里集》。王說當是誤記。）卷三有《讀王阮亭〈論詩絕句〉記》云：「阮亭先生論詩絕句四十首，大致倣元遺山而聲情過之。他不具論，其第二十五首云：『三代而還盡好名，文人從古善相輕。君看少谷山人死，獨有平生王子衡。』淨名註：『海內談詩王子衡，春風坐徧魯諸生。』鄭少谷詩也。王、鄭初不相識。鄭死，王始見此詩，數千里入閩，經紀其喪』云。時乙巳十二月杪，予游海陵，不自得，將從馬馱沙渡大江，登君山之麓，至江陰、取道歸里。會歲暮，多大風且雨雪，舟不得發，同行者皆垂首歎惋。予坐舵樓下，手阮亭詩讀之。至此詩及註，哭失聲。既乃大喜，拭涕起坐，雪中觀江濤澎湃，吟嘯自樂也。同行者問曰：子何悲喜之遽也。予曰：若何能知。昔王子衡與鄭少谷同有盛名於時，兩人成進士，先後僅距三歲。王名位通顯，至副相兼大司馬，鄭偃蹇，官止留京曹郎。若律以今人之論，則王一言能重鄭，鄭何能重王。而王乃深感於鄭之能重我，而我若無以報鄭者。王忘分好名如是其篤厚，至今使人度其心欲爲之死也。且予常過王子衡故里矣，居儀封，濱大河。計其聞鄭喪而竭蹶以趨閩之莆陽也，必涉淮及泗，渡江踰嶺，數千里而後至；且以大官馳遠道，舟車之供億，人事之雜沓，非若古處士磨鏡絜酒，可以一介行李計日而至也。又生平與鄭無縞紵之懽，樽酒之約，一旦素車白馬，披其帷哭之，鄭之妻子必大驚，且不知先君何以得此於公卿間，又何以不聞先君生平所與交驩者有此人也。既其喪葬之貲，孤寡之所顛連而無告者，一一經營之，使無因之，然後乃求鄭之遺書，而告之以相推重之故，鄭之妻子必愈驚。而當時諸爲大官者聞王所爲顧如此，必大怪以爲狂。予于此乃益感王報德之心能大掩其好名之心。而益悲鄭既不遇於時，何其言之能重人，而能使人感動如此。此不得不爲之一慟也。然幸鄭沒之後，王即得見此詩耳，否則兩人窮達即不同，居隔數千里，存歿先後又不同時，使此詩不得見，則鄭爲知王，王爲不知鄭，兩人終不相知，遺憾多矣。此予所以爲兩人重悲，而復深幸之，而深喜之也。雖然予少時偕莆陽林燕公、林小眉游，兩人者亦頗能述其邑之前輩鄭少谷遺事，而未能言王子衡之事者。微阮亭，幾不聞此矣。古所謂發潛德之幽光者，其在阮亭與，其在阮亭與！遂爲之記。」王士禛《居易錄》云：「儀封王世治」（王廷相的後代）刻吳江計甫草（東）讀予《論詩絕句》記，來徵士大夫詩歌紀事；以計此記爲予詩作也，因先呈予。世治跋云：『不肖生也晚，距先肅敏公（王廷相）六世，時已百餘年，守家藏集恒虞失墜，有莫爲之後之懼。康熙壬戌七月，太邱王瑗郵致甫草計先生《讀阮亭詩記》一篇，世治讀之不禁涕洟，深歎知己之難，而相遇之奇也。世治半世俯首老諸生，不能與當代賢士大夫挈長比藝，焜燿先澤，而甫草乃從阮亭王公「少谷山人」之句，而致其感動痛哭之辭，至欲爲先肅敏死，斯亦奇矣。嗟呼！是少谷、阮亭兩公之知先肅敏，而總藉傳于計先生之一痛也。海內文人，其誰不願爲計先生死者哉！』予康熙癸卯在揚州，一日雨行如皐道上，得《論詩絕句》四十首，蓋倣元裕之作，其一云：『三代而還盡好名，文人從古善相輕，君看少谷山人死，獨有平生王子衡。』甫草丁未於都門見此詩，因作記，今載《甫草集》。」

此詩亦有從別角度理解者。薛雪《一瓢詩話》云：「好浮名不如好實學，豈有實學而名不遠者乎？師今人不如師古人。豈有古人而今人能勝之者乎？古人學問深、品量高、心術正，其著作能振一時，垂萬世。今人萬萬不及古人者，即據一端可見矣。古人愛才如命，其人稍有一長，即推崇贊歎，不避寒暑。今人則惟恐一人出我之上，媢嫉擠排，不遺餘力。雖有著作，視此心術，天將厭之，尚希垂後乎？余非望人開倡譽之端，實見中懷狹隘者，終為品量之纍。鄭少谷與王子衡初不相識，嘗有詩云：『海內談詩王子衡，春風坐徧魯諸生。』其推許神父如此。後鄭死，王感其意，數千里入閩，經紀其喪，王阮亭先生詠之云：『三代而還盡好名，文人從古善相輕。君看少谷山人死，獨有生平王子衡。』亦可謂善勸者矣。」蓋以此詩為勸文人勿相輕。而紀昀等則認為漁洋對王廷相有微詞，謂王廷相「其詩文列名七子之中，然軌轍相循，亦不出北地、信陽門戶。鄭善夫詩所謂『海內談詩王子衡，春風坐徧魯諸生，』一時興到之言，非篤論也。王士禛《論詩絕句》曰：『三代而還盡好名，文人從古善相輕，君看少谷山人死，獨有平生王子衡。』蓋善夫歿後，廷相始見是詩，賙恤其家甚至，亦頗有微詞矣。」（《四庫全書總目》卷一七六「王氏家藏集」條）

十九

正德何如天寶年，寇侵三輔血成川。①
鄭公變雅非關杜，聽直應須辨古賢。②

注：

①正德，明武宗年號（一五〇六—一五二一）。正德年間曾多次爆發農民起義。惠棟注引《明紀》云：「正德四年（一五〇九）十月，四川保寧賊劉烈聚眾作亂，侵掠陝西、漢中等處。藍廷瑞、鄢本恕、廖惠等眾至十萬，侵入湖廣、鄖陽。六年（一五一一）七月，流賊劉六、劉七作亂，劫掠畿內州縣，八月擁眾北向，京師戒嚴，賊分夥寇河南、山東等州。十一月，賊攻徐州，掠淮南。趙風子與劉六、劉七分夥爲寇，眾至數萬，漸引而南，河南北、山東、兩淮，所破州縣數十。七年（一五一二）伏羌伯毛銳率師與劉六、劉七戰，大敗回京師。八年二月，賊攻河南，總兵官馮楨戰死。四月，轉掠畿輔。」鄭善夫曰：「山東群盜不過狗鼠之雄耳。身無賴，師無律，烏合而起，志不在大也。鄰境相驅，乃醞此大患。朝廷鑿凶門，命將出師，散中帑銀帛不下數百萬，而卒借邊之兵，然而山東西、兩川、河淮南北，賊陷者十三，死者十五，僵屍成山，流血成川，使天下太悔禍，有

隱憂者矣。」

②啓浣注：「昔人論鄭善夫詩，以爲時非天寶，位非拾遺，譏其無病而呻，故駁之。」按林燫《福州府志，文苑傳》：「鄭善夫……與洛中何景明同年（按：何爲弘治十五年進士，鄭爲弘治十八年進士，與何並非同年。）相切劘，善屬文，尤長於詩，七言近體興致清遠，議者或謂得杜之骨。又謂正德間，關中李夢陽摹擬少陵，然猶丐膏馥，自出己意爲主，至善夫並襲其意。時非天寶，地靡拾遺，殆無病呻吟云。善夫官終南吏部郎，其同時有林釴、傅汝舟……其詩與善夫相類，……釴爲御史，頗爲鄉論所訾。」王世懋《藝圃擷餘》：「閩人家能佔畢，而不甚工詩。國初林鴻、高廷禮、唐泰輩，皆稱能詩，號『閩南十才子』。然出楊、徐下遠甚，無論季迪。其後氣骨崚崚，差堪旗鼓中原者，僅一鄭善夫耳。其詩雖多摹杜，猶是邊、徐、薛、王之亞。林尚書貞恒修《福志》，志善夫云：『時非天寶，地靡拾遺，殆無病而呻吟』云。至以林釴、傅汝舟相伯仲。又云『釴與善夫頗爲鄉論所訾（按：誤會林燫語意），過矣。閩人三百年來，謹得一善夫，詩即瑕，當爲掩。善夫雖無奇節，不至作文人無行，殆非實錄也。」錢謙益《列朝詩集小傳．鄭郎中善夫》：「林尚書貞恒撰《福州志》，刺少谷詩專倣杜，時匪天寶，地遠拾遺，以爲無病而呻吟。以毅皇帝時政觀之，視天寶何如，猶曰無病呻吟，則爲臣子者必將請東封頌巡狩而後可乎？甚矣，尚書之憒也。」朱彝尊《曝書亭集》卷三十一《與高念祖論詩書》云：「明詩之盛無過正德，而李獻吉、鄭繼之二子深得子美之旨，論者或詆其時非天寶，事異唐代，而強倣子美之憂時。嗟呼，武宗之時何時哉！使二子

安於耽樂，而不知憂患，則其詩不作可也。」《四庫全書總目提要》曰：「其詩規模杜甫，多憂時感事之作。林貞恒《福州志》病其時非天寶，地遠拾遺，爲無病呻吟。然武宗時奄豎內訌，盜賊外作，詩人蒿目，未可謂之無因。」（卷一七一「鄭少谷集」條）按，漁洋以正德與天寶相比較，天寶間有安史之亂，杜甫詩是此動亂背景下的產物。正德亦是動亂之時代，鄭繼之詩亦是正德年間動蕩的歷史環境中的產物，並非由模倣杜甫使然。

翁方綱《石洲詩詩話》評曰：「鄭善夫固不可云學杜，然亦不得云變雅也。末七字粗直，似非漁洋先生之詩。」此正誤會了漁洋此詩意旨。漁洋謂鄭善夫詩「變雅」，實指其詩多反映喪亂之語而言。王世貞《藝苑巵言》卷五謂鄭繼之詩「如天寶父老談喪亂，事皆實際，時時感慨。」亦指出鄭詩這一特徵。漁洋謂「變雅非關杜」者，乃針對林貞恒之語言之。林氏謂鄭繼之詩是「無病呻吟」，沒有現實之基礎，是由一味強倣杜甫而來。漁洋則以正德年間「寇侵三輔血成川」與天寶間的安史之亂相比，以爲鄭詩乃有感而發，乃「有病而呻吟」，並非由專學杜而致然，故云「非關杜」。王漁洋並不否認鄭善夫學杜甫，其《池北偶談》曰：「宋明以來學杜子美者多矣，予謂退之得杜神，子瞻得杜氣，魯直得杜意，獻吉得杜體，鄭繼之得杜骨。」鄭善夫得杜骨之說本於王世貞。《藝苑巵言》卷六云：「國朝習杜者凡數家，華容孫宜得杜肉，東郡謝榛得杜貌，華州王維楨得杜一支，閩州鄭善夫得杜骨，然就其所得，亦近似耳。唯夢陽具體而微。」

所謂得杜骨者，林材《福州府志·風概傳》云：「善夫工詩，以氣格爲主，憂憤時事，往往發之篇章，評者以爲得杜之骨。與李夢陽、何景明相伯仲云。」王世貞《藝苑卮言》卷五云：「鄭繼之如冰稜石骨，質勁不華」，穆敬叔云：「鄭詩風骨稜然，不深不俗。」、（《明詩綜》卷三十二引）俞汝成謂「少谷才調有余，婉麗不足，然奇氣具在，雄思鬱然。」（同上）所謂「質勁」、「風骨稜然」、「雄思」就風格而言也是鄭善夫詩得杜骨之所在。

自李夢陽倡言學杜，一時詩壇學杜成爲風氣。錢謙益《列朝詩集小傳·蔡孔目羽》云：「李獻吉以學杜雄壓海內，竄竊剽賊，靡然成風」。群起而學杜，則陷入摸擬剽竊之弊。與李夢陽同時就有蔡羽覺其弊，謂少陵不足法，錢謙益認爲這是不想直攻李夢陽等，而「借口於少陵，少陵且不足法，則撏撦割剝之徒，更於何地生活？（同上）同時又有薛蕙與楊愼論詩說：「近日作者，摹擬蹈襲，致有拆洗少陵，生吞子美之譃。」其後黃省曾、皇甫涍、皇甫汸等追李空同學杜，而後也覺學杜之失，而改他趨。

鄭繼之亦以杜甫爲宗。其《讀李質菴稿》曰：「雅音失其傳，作者隨風移。於楚有屈宋，漢則河梁詞。曹劉氣軒軒，逸文振哀悲。兩晉一精工，六朝遂凌遲。角然尙色澤，古風不成吹。盧王號調伯，秖用綺麗爲。千年取正印，乃有陳拾遺。或不盡反樸，朝代兼天資。所以王李輩，嚮道識所期。大哉杜少陵，苦心良在斯。……」（《少谷集》卷一下）鄭善夫曾批點杜詩。焦竑《筆乘》云：「予家有善夫批點杜詩，其指摘疵類，不遺餘力，然實子美之知己。餘之議論雖多，直觀場之見耳。嘗記其數則。一云：詩之妙處正在不必說到盡，不必寫到眞，而其欲說欲寫者自宛然可想，雖可想而又不可道，斯得風人之旨。杜公往往要到眞處盡處，所以失之。一云：長篇沉著頓挫，指事陳情，有根節骨格，此杜老獨擅之能，唐人皆出其下。然正不以此爲貴，但可以爲難而已。宋人學之，往往以文爲詩，雅道大壞，由杜老啓之也。一云：杜陵只欲脫去唐人工麗之體，而獨占高格。蓋意在自成一家，不肯隨場作劇也。如孟詩云『當杯已入手，歌妓莫停聲。』便自風度，視『玉佩仍當歌』，不啻霄壤矣。此詩終以興致爲宗，而氣格反爲病也。善夫之詩本出子美，而其持論如此，正子瞻所謂知其所長，而又知其敝者也。」正是由於鄭善夫對杜不盲目崇拜，故其學杜不同於李、何的追隨者，多是只襲其貌。《靜志居詩話》云：「繼之在弘、正間，不襲李、何餘論，別開生面。好盤硬語，往往氣過其辭。雖源出杜陵，實有類山谷者。集中感時之作可觀可怨，頗不猶人。其論詩五言云：『大哉杜少陵，苦心良在斯。末流但叫噪，古意漫莫知。鳳鳥空中鳴，衆禽反見嗤。』蓋有獨立不遷之概。」（《明詩綜》卷三十二）由於當時追隨李、何者紛紛學杜，已露弊端，鄭善夫學杜也不免受到非難，林爊「無病呻吟」之說即是。徐子元云：「少谷師杜，殊乏懽悰，宛然一生愁也。」不知其愁與時代有關。黃清浦云：「繼之才故沉鬱，去杜爲近，過爲摹倣，幾喪其眞。」（《明詩綜》卷三十引）此亦是嫌其模擬。謝在杭謂：「鄭繼之一洗鉛華，力追大雅。然掊擊百家，獨宗少陵，呻吟枯寂之語多，而風人比興之義絕，譬之時無春而遽秋，人未少而先老，才情未肆，氣格變衰，樂事未陳，聲淚俱下。此在少陵爲之，已非得意之筆，況傚顰學步者哉。」（同上）此亦嫌鄭善夫詩多憂傷之語，多敘述而少比興，爲模擬杜甫之失。鄭善夫所謂「鳳鳥空中鳴，衆禽反見嗤」，正不滿時流對其所作的批評。對此，孫昌裔曾爲辯護，其《鄭少谷先生集序》云：「吾閩少谷先生詩若文流傳海內已久，而人尤膾炙其詩，以爲得少陵骨，第稍稍以步趨擬議求多當先生。時所稱少陵具體莫若空同，尙亦未免斯語。嗟夫，先生、空同所以與少陵合者，別自有在，而非以詩也。少陵避亂竄歸，初授拾遺，即以抗疏嬰肅宗怒，遷徙間關，至於負薪拾橡，而愛君憂國之念未嘗少衰。空同初彈壽寧，後觸逆瑾，下詔獄者再矣。先生以諫武廟南巡，與梓溪諸公同受杖闕下，此咸以雕龍之才抗鳴鳳之節，蜍志足羞，龍比未俊，忠憤感慨，發而爲詩，宜乎有急調而無繁音，有勁氣而無纖態，有惕思而無喬志，有危論而無巵詞，維柱籍支，日星並曜，此其不朽，寧獨立言而斤斤乎尙以篇章字句離合吹求。」王世貞《明詩評》謂其「詩規放（倣）少陵，兼目變故，故時寓幽憂，或傷椎樸。如黃河積水，寒色千仞，石骨巉巖，俯入深澗，速城之璧，不損微瑕。」論已多稱之。此後大都對鄭善夫詩深加贊賞。

蓋天寶在歷史上是一個動亂的年代，而此年代動亂又與皇帝之過失有極大關係，明武宗時代，雖多內亂，但爲武宗之臣民，人們當不敢亦不會以之擬天寶也，如果這樣就等於指摘皇帝。故時人多指摘鄭繼之傷時之語爲無病呻吟。而後人則能正視那個時代，故多能肯定鄭詩的價値。王士禛正是如此。

二十

十載鈐山冰雪情，①青詞自媚可憐生。②
彥回不作中書死，③更遣匆匆唱渭城。④

注：

①嚴嵩（一四八〇—一五六七），字惟中，江西分宜人。弘治十八年（一五〇五）進士，選翰林庶吉士，授編修，後拜禮部尚書。嘉靖二十一年（一五四二）任武英殿大學士，專政二十餘年。嚴嵩初仕時，「勤敏捷給」，頗稱皇帝之意，爲官既久，貪橫日甚。後被削職，其子嚴世藩被處死，家產被籍沒，嵩老病而死。朱國楨《涌幢小品》卷之九《焦嚴終始》云：「分宜大宗伯，以前極有聲。不但詩文之佳，其品格亦自錚錚。」又曰：「分宜讀書鈐山之下，凡九年，遂以名堂。堂與學宮相鄰，面山，歷歷秀而且整。」錢謙益《列朝詩集小傳．嚴少師嵩》曰：「少師（嚴嵩）初入詞垣，負才名，謁告還里，居鈐山之東堂，讀書屏居者七年，而又能傾心折節，要結勝流，若崔子鍾、楊用修、王允寧輩，相與引合名譽，天下以公望歸之。」又《明史．嚴嵩傳》：「移疾歸，讀書鈐山十年，爲古文辭，頗著清譽。」按嚴嵩讀書鈐山時間，以上諸說不同，漁洋十載云云當是約舉之耳。嚴

嵩前後期變化甚大，以致有人竟以其前期之行爲其辯護者。《明文海》卷二五四張燮《書鈐山堂集後》云：「分宜早歲雅負朝宁之望，比乎代主制命，身毁名滅，爲後世笑。然吾謂分宜之惡不若是甚也。……覩其生平持論及與人書，較多溫厚和平之氣，猶未見有翻覆星辰，摧落一世手段，且其交歡名流，同時如楊用修、皇甫子循，嵩俱折節爲矜契。時有撰著，輒萬里寄相點定，此亦輦上人所難。其招權納賄，跋扈輈張，則子世蕃爲之。嵩老矣，墮其雲霧，不甚禁戢耳。」「十載鈐山冰雪情」是就嚴嵩前期而言。

②青詞：李肇《翰林志》：「凡太清宮道觀薦告詞文，用青藤紙朱字，謂之青詞。」惠棟《漁洋山人精華訓纂》：「徐夔曰：世宗好道，故嵩以青詞進媚。」

③褚淵（四三五—四八二），字彥回，河南陽翟（今河南禹縣）人，宋文帝婿，任尚書右僕射，後參與蕭道成伐宋，南齊建立，被封爲南康郡公，任尚書令。《南史·褚炤傳》：「炤，……彥回從父弟也，……常非彥回身事二代。彥回子賁往問訊炤。炤問曰：『司空今日何在。』賁曰：『奉璽紱在齊大司馬門。』炤正色曰：『不知汝家司空將一家物與一家，亦復何謂？』彥回拜司徒，賓客滿座。炤嘆曰：『……門户不幸，乃復有今日之拜。使彥回作中書郎而死，不當是一名士邪！名德不昌，遂有期頤之壽。』」按，嚴嵩舉進士是在弘治十八年，是明孝宗的最後一年，其後歷正德、嘉靖兩朝，而其顯貴、專權乃是在嘉靖時期，故漁洋此處用彥回典，謂嚴嵩若無後來擅權之事，亦當爲一名士。

④唐韋絢《劉賓客嘉話錄》：「刑部侍郎從伯伯芻言嘗言，某所居安邑里巷口，有鬻餅者，早過戶，未嘗不聞謳歌，而當壚興甚早。一旦召之與語，貧窘可憐，因與萬錢，令多其本，日取餅以償之。欣然持鏹而去。後過其戶，則寂然不聞謳歌之聲。謂其逝矣，及呼乃至。謂曰：『爾何輟歌之遽乎？』曰：『本流既大，心計轉粗，不暇唱渭城矣。』從伯曰：『吾思官徒亦然。』因成大噱。」啓浣注云：「分宜早年詩有王、韋之風，貴後皆應制腐惡之作耳。」

顧起綸《國雅品》云：「嚴相公惟中，先輩評公詩者頗多，如儀封王司馬曰『沖邃閒遠』，成都楊修撰曰『沖澹朗秀』，蘭溪唐文襄曰『澹而遠』，長洲皇甫司勳曰『調高律細』。四公其知言哉。其《靈谷》云：『窈然深谷裏，疑與秦人逢。澗底藏餘雪，窗間列秀峰。』《登嶽》云：『仙家鳥道迥莫到，石壁猿聲清忽聞。幽泉樹杪飛殘滴，瑤草巖中吐異芬。』眞境與秀句競勝，雜之《極玄》，亦足矜賞。其集大率多類錢、劉語。」此乃謂其早年之詩。錢謙益《列朝詩集小傳》云：「少師在鈐山，有《贈日者》云：『原無蔡澤輕肥念，不向唐生更問年。』爲通人所稱。其詩名《鈐山集》者，清麗婉弱，不乏風人之致。直廬應製之作，篇章庸猥，都無可稱。王元美爲郎時譏評其詩，以爲不能復唱渭城者也。」漁洋此詩，蓋有感於是而發。其《居易錄》云：「題跋古人書畫，須論人品，品格高足爲書畫增重，否則適足爲辱耳。葉石林《詩話》載王摩詰《江干初雪圖》，末有元豐間王珪、蔡確、韓縝、章惇、安惇、李清臣等七人題詩。詩非無佳語，但諸人名字，千古而下見之欲唾，此圖之辱爲何如哉？余少嘗語汪鈍翁云：吾輩立品，須爲他日詩文留地步，正此意也。每觀《鈐山集》，亦作此歎。」嚴嵩《鈐山集》確乎有佳句、有好詩可傳，但由於人品不高，適足成其作品之累。中國古代講求文品與人品的統一，要文人在人品上加強修養，這是漁洋此詩的眞正意旨。漁洋《香祖筆記》云：「予嘗謂詩文書畫，皆以人重。蘇、黃遺墨流傳至今者，一字兼金；章惇、京、卞豈不工書，後人糞土視之，一錢不值，所謂三代之直道也。永叔有言，古之人率皆能書，獨其人之賢者傳遂遠，使顏魯公書雖不工，後世見者必寶之。非獨書也，詩文之屬莫不皆然。」也是此意。翁方綱《石洲詩話》卷八云：「惟此一首，婉約有致，罵嚴嵩有味，又不著跡，此即所謂『羚羊挂角』之妙也。但以愚意，如嚴嵩者，縱使其能詩，亦不直得措一詞以罵之。若果通加選輯明詩諸家而及之，或可云不以人廢言耳；今於上下古今作《論詩絕句》，乃有論嚴嵩一首耶？」翁方綱此論其實未得漁洋此詩的眞正意旨，而僅僅從其表面上罵嚴嵩之角度論之，但其重人品的思想與漁洋則未嘗有異。《四庫全書》未收其集而僅存其目，《提要》云：「嵩雖怙寵擅權，其詩在流輩之中乃獨爲迥出。王世貞《樂府變》云：『孔雀雖有毒，不能掩文章。』亦公論也。然跡其所爲，究非他文士有才無行，可以節取者比。故吟詠雖工，僅存其目，以明彰癉之義焉。」亦與漁洋及翁方綱相同。

審美與道德有聯繫亦有區別，但中國古代美學卻突出二者的統一，因爲中國古代美學強調美與善的統一，把善看作美的最重要的基礎。因而人的道德品格在文學中的地位也就突出了。

二十一

接跡風人《明月篇》，①何郎妙悟本從天。②
王楊盧駱當時體，莫逐刀圭誤後賢。③

注：

①何景明曾作《明月篇》，其序云：「僕始讀杜子七言詩，愛其陳事切實，布詞沈著。鄙心竊效之，以爲長篇聖於子美矣。既而讀漢魏以來歌詩，及唐初四子者之所爲而反覆之，則知漢魏固承《三百篇》之後，流風猶可徵焉。而四子者，雖工富麗，去古遠甚，至其音節，往往可歌。乃知子美詞固沉著，而調失流轉，雖成一家語，實則歌詩之變體也。夫詩本性情而發者也。其切而易見者，莫如夫婦之間。是以《三百篇》首乎《關雎》，六義始乎風，而漢魏作者，義關君臣朋友，辭必托諸夫婦，以宣鬱而達情焉。其旨遠矣。由是言之，子美之詩，博涉世故，而出於夫婦者常少；致兼雅頌，而風人之義或缺。此其調或反在四子下與。暇日爲此篇，意調若髣髴四子，而才質偎弱，思致庸陋，故摛詞蕪紊，無復統飭，姑錄之以俟審音者裁割焉。」其詩云：「長安月，離離出海嶠。遙見層城隱半輪，漸看阿閣銜初照。瀲灩黃金波，團欒白玉盤。青天流影披紅蕊，百露含輝汎紫蘭。紫蘭紅

蕊西風起，九衢夾道秋如水，錦幌高褰香霧濃，瑣闥斜映輕霞舉。霧沉霞落天宇開，萬戶千門月明裏。月明皎皎陌東西，柏寢岧嶢望不迷。侯家臺榭光先滿，戚里笙歌影乍低。濯濯芙蓉生玉沼，娟娟楊柳覆金隄。鳳凰樓上吹簫女，蟋蟀堂前織錦妻。別有深宮閉深院，年年歲歲愁相見。金屋螢流長信階，綺櫳燕入昭陽殿。趙女通宵侍御床，班姬此夕悲團扇。秋來明月照金微，榆黃沙白露逶迤。征夫塞上行憐影，少婦窗前想畫眉。上林鴻雁書中恨，北地關山笛裏悲。書中笛裏空相憶，幾見盈虧淚沾臆。紅閨貌減落春華，玉門腸斷逢秋色；春華秋色遞如流，東家怨女上妝樓。流蘇帳卷初安鏡，翡翠簾開自上鉤。河邊織女期七夕，天上嫦娥奈九秋，七夕風濤還可渡，九秋霜露迥生愁。九秋七夕須臾易，盛年一去眞堪惜。可憐揚彩入羅帷，可憐流素凝瑤席。未作當壚賣酒人，難邀入座援琴客。客心對此歎蹉跎，烏鵲南飛可奈何。江頭商婦移船待，湖上佳人挾瑟歌。此時憑闌垂玉箸，此時滅歛青蛾；玉箸青蛾苦緘怨，緘怨含情不能吐。麗色春妍桃李蹊，遲輝晚媚菖浦。與君相思在二八，與君相期在三五。空持夜被貼鴛鴦，空持暖玉擘鸚鵡。青衫泣掩琵琶絃，銀屏忍對箜篌語。箜篌再彈月已微，穿廊入闥靄斜暉。歸心日遠大刀折，極目天涯破鏡飛。」惠棟《漁洋山人精華錄訓纂》：「徐夔曰：大復山人倣唐初四子著《明月篇》，陳黃門子龍以爲深得風人之體。」按，何景明此詩，辭托諸夫婦，有風人之義，故漁洋謂之「接跡風人」。

②嚴羽《滄浪詩話》云：「大抵禪道惟在妙悟，詩道亦在妙悟。」按，此句贊何景明《明月篇》序及詩善悟詩道。

③嚴羽《滄浪詩話》：「（有）王、楊、盧、駱體」。按所謂王、楊、盧、駱體者，《詩鏡總論》云：「王勃高華，楊炯雄厚，照鄰清藻，賓王坦易……調入初唐，時帶六朝錦色。」王世貞《藝苑卮言》卷四云：「盧、駱、王、楊，號稱四傑。詞旨華靡，固沿陳、隋之遺，翩翩意象，老境超然勝之。」蓋指四子尚有陳、隋之遺。杜甫《戲爲六絕句》之二：「王、楊、盧、駱當時體，輕薄爲文哂未休。爾曹身與名俱滅，不廢江河萬古流。」宋長白《柳亭詩話》云：「『王、楊、盧、駱當時體，輕薄爲文哂未休』，初唐四傑，草昧初開，未脫陳、隋風調，射聲逐影之儔不免隨人軒輊。少陵虛懷樂善，爲後來輕於毀譽者戒，故曰：『爾曹身與名俱滅，不廢江河萬古流』。誠取之也，誠重之也。」王士禛雖用杜甫詩句，但用意不同。漁洋此詩乃針對何景明《明月篇》而發。啓浣註云：「何大復謂初唐《明月篇》諸作，得風人遺意，其源高於李杜。」則漁洋所謂當時體者，謂其不能爲七古之正體，不可與李杜抗衡，稍有抑之之意，故云「莫逐刀圭誤後賢」，言何景明論不可執以爲準。惠棟《漁洋山人精華錄訓纂》云：「王、楊、盧、駱當時體，少陵句也。而此詩用意與少陵略別，然皆救時之論也。」

這一首論七言古詩的審美特徵問題。

何景明《明月篇序》認爲初唐四子七古其音節「往往可歌」，而杜甫則「調失流轉」，當屬變體：四子「辭必托諸夫婦」，有風人之遺義，而杜甫失之，因而四子高於杜甫。何氏此論，與漁洋同時的張歷友頗爲贊同，謂：「初唐七古轉韻流麗，動合風雅，固正體也。工部以下，一氣奔放，宏肆絕塵，乃變體也。」（《師友詩傳錄》）。

何景明這裏提出了什麼是七言古詩的正體亦即七言古詩作爲一種詩歌體裁本身所具有的審美特徵問題。何景明以音節可歌與否作爲判定七古正變的標準。所謂「音節可歌」、「調失流轉」，如同張歷友所云「轉韻流麗」，主要指七古的換韻問題。初唐以至王維、李頎等七古一般都換韻，而到李白、杜甫則大變其格。王漁洋云：「（七古換韻法）起於陳、隋，初唐四傑輩沿之，盛唐王右丞、高常侍、李東川尚然，李杜始大變其格。」又云：「五言換韻，如『折梅下西洲』一篇，可以爲法。李太白最長於此。七古則初唐王、楊、盧、駱是一體，杜子美又是一體。若倣『初唐體』，則用排偶律句不妨也。」（《師友詩傳續錄》）《說詩晬語》云：「四語一轉，蟬聯而下，特初唐人一法，所謂『王、楊、盧、駱當時體』也。」初唐七古由於排偶、律句等具有音樂性因素的滲入，加之換韻，讀來音調流轉可歌，何景明遂以此作爲判定七古正變的標準。

對於何氏此論，胡應麟即有異議。其《詩藪》云：「仲默謂：『唐初四子，雖去古遠甚，其音節往往可歌。子美詞雖沉著，而調失流轉，實詩歌變體也。』此未盡然。歌行之興，實自上古，《南山》、《易水》，隱約數言，咸足詠歎。至漢魏樂府，篇什始繁。大都渾樸眞至，既無轉換之體（按：即換韻），亦寡流暢之辭，當時以被管絃，供燕享，未聞不可歌也。杜《兵車》、《麗人》、《王孫》等篇，正祖漢魏，行之唐調耳。」又云：「仲默論歌行，允謂前人未發。然特專明一義，匪以盡概諸方。王、楊四子，雖偏工流暢，而體格彌卑，變化未覩。唐人一代皆爾，何以遠過齊梁？必有李、杜二公，大觀斯極。仲默集中，爲此體僅《明月》、《帝京》、《昔遊》三數篇，他不盡爾，其意可窺。」（內編卷三）胡應麟並不否認七古音節可歌的重要，但他以七古的歷史發展過程論證轉換之體、流暢之辭並不是音節可歌的必要條件。七古在漢魏恰恰是渾樸眞至但又可歌的。初唐四子受齊梁影響工轉換之體、流暢之辭，在歷史發展上反而是變體。許學夷則從另一角度對此作了辯析。其《詩源辯體》卷十二云：「詩，先體製而後工拙。王、盧、駱七言古，偶儷雖工，而調猶未純，語猶未暢，實不得爲正宗。此自然之理，不易之論。然不能釋衆人惑者，蓋徒取其工麗，而不識正變之體故也。」又卷十八云：「七言古，正變與五言相類。張衡《四愁》、子桓《燕歌》，調出渾成，語皆淳古，其體爲正。梁、陳而下，調皆不純，語多綺艷，其體爲變。蓋古詩調貴渾成，不貴諧切，但漢魏篇什不多，而體未宏大，學之者不足以盡變，故直以高岑爲正宗，李杜爲神品耳。自梁陳以至初唐，聲俱諧切，故其句多入律而可歌。然所謂不純者，蓋句既入律，則偶對宜諧，轉韻宜平仄相間，雖不合古聲，庶成俳調；今句則純乎律矣，而偶對復有不諧，轉韻又多平仄疊用，故其調爲不純耳」。許學夷於古、律之間所標界限甚明，以爲古詩不可雜以律句。而齊梁初唐七古處於古詩、律詩之間，衡之以漢魏古詩則嫌其有律句、偶對而不古，準之以唐律則亦未盡相合，故許氏謂其聲調未純，不可奉爲正宗。

胡應麟、許學夷都是從七古的音調方面論證初唐體不可謂爲正宗。王漁洋則以爲音調可歌與否不可作爲判定七古正變的標準。《七言詩凡例》云：「明何大復《明月篇序》謂初唐四子之作往往可歌，其調反在少陵之上，說者以爲功于風雅，韙矣。然遂以概七言之正變，則非也。二十年來，學詩者束書不觀，但取王、楊、盧、駱數篇轉相仿傚，膚詞剩語，一唱百和，豈何氏之旨哉！」漁洋肯定何景明對音節的重視，因而說「何郎妙悟本從天」，加以贊賞，但以爲不能以之概七古之正變。

王漁洋此說，清人頗多贊同。宋犖《漫堂說詩》云：「何大復序《明月篇》，謂初唐四子之作往往可歌，反在少陵之上。此未嘗概七言之正變而言之，不足爲典要也。」陳其年《陳迦陵文集》卷四《與宋尚木論詩書》云：「夫詩一貴於境地，二貴於音節。音節圓亮，七律便屬長城，境地縹緲，七古乃爲合作。昔者仲嘿（仲默，何景明）《明月》一敘，深慨長歌一道，杜陵不如四子，僕初守此議……既而思之，終未盡必也。」沈德潛《說詩晬語》卷下：「何景明《明月篇序》，大意謂：子美七言詩，詞固沉著，而調失流轉，不如唐初四子音節可歌。蓋以子美爲歌之變體，而四子猶三百之遺風也。然子美詩每從風雅中出，未可執詞調一節以議之。王阮亭論詩云：『接跡風人明月篇，何郎妙悟本從天。王楊盧駱當時體，莫逐刀圭誤後賢』。能不被前人瞞過」李重華《貞一齋詩說》云：「七古自晉世樂府以後，成於鮑參軍，盛於李杜，暢於韓蘇，凡此俱屬正鋒，唐初王楊盧駱體，爲元、白所宗，可間一爲之，不得專意取法，恐落卑靡一派。何仲默《明月篇序》，未可奉爲確論。」施補華《峴傭說詩》：「王楊盧駱四家體，詞意婉麗，音節鏗鏘，然猶沿六朝遺派，蒼深渾厚之氣固未有也。何景明欲以此種易李、杜，宜不免漁洋刀圭誤人之誚矣。」潘德輿對何景明更是猛烈抨擊，甚至連漁洋「妙悟從天」的肯定也嫌過分。《養一齋李杜詩話》卷一云：「余最笑何大復《明月篇》，舍李、杜而師盧、駱，以爲『劣於漢魏』而『近風騷』歟？不知『劣於漢魏近風騷』句，乃言『劣於漢魏』之『近風騷』耳。不解句義，既堪哈噱，況當時之體，老杜已明斷之。于鱗欲爲後來傑魁，仍拾信陽餘唾，徒以初唐一體繩太白、子美歌行之優劣；所以終身宗法唐人而不免爲優孟歟？阮亭猶曰：『接跡風人《明月篇》，何郎妙悟本從天。』雖其詩末二語，微辭諷世，喚醒無限，已無解於『接跡風人』、『妙悟從天』稱揚之過矣。胡氏應麟云：『七言歌行，垂拱四子，詞極藻艷，未脫梁、陳。太白、少陵，大而化矣。能事畢矣。』此爲得之。」

那麼七古之正體是什麼呢？《師友詩傳錄》記其論七言云：「七言則須波瀾壯闊，頓挫激昂，大開大闔耳。」波瀾壯闊就七古的氣勢而言，頓挫激昂就其音調而論，而大開大闔乃是指其敘述方法。這幾點即與四子體不同。四子體體現的是音調流轉可歌，而頓挫激昂已失流轉；四子體得風人遺意，並有齊梁餘風，故而以婉麗見長，而於大開大闔，波瀾壯闊則未足。以這種標準衡作家，自然要推杜甫爲七古正宗（參見論杜甫一首），漁洋的《七言詩選》正體現了此旨。

王士禛以杜甫爲七古正宗的觀點到晚年又發生了變化，其於七十一歲的《香祖筆記》以王維、高適、李頎爲七古正宗，而以李白、杜甫爲大家。這種變化顯示了漁洋晚年關於七古之審美標準的變化。王、李、高適之七古都以渾厚、規整見長。施補華《峴傭說詩》稱：「摩詰七古，格整而氣斂，雖縱橫變化不及李杜，然使事典雅，屬對工穩，極可爲後人學步。」王士禛《居易錄》稱高適七古「雄渾，多正調」許學夷《詩源辯體》謂李頎七古爲高適之亞，亦爲正宗。

漁洋晚年之論強調七古格調之規整，而於縱橫變化亦稍有收斂。

紀昀對漁洋此首所論稍有異議，《四庫全書總目提要》云：「景明於七言古體深崇四傑轉韻之格，……王士禛論詩絕句……乃頗不以景明爲然。其實七言肇自漢氏，率乏長篇。魏文帝《燕歌行》以後，始自爲音節。鮑照《行路難》，始別成變調。繼而作者實不多逢。至永明以還，蟬聯換韻，宛轉抑揚，規模始就。故初唐以至長慶多從其格，即杜甫諸歌行，魚龍百變，不可端倪，而《洗兵馬》、《高都護》、《驄馬行》等篇，亦不廢此一體。士禛所論以防浮艷塗飾之弊則可，必以景明之論足誤後人，則不免於懲羹而吹齏矣。」

二十二

翩翩安定四瓊枝，①司直司勳絕妙詞。②
底事濟南高月旦，③僅孝水部數篇詩。④

注：

①安定四瓊枝，指長洲皇甫沖、皇甫涍、皇甫汸、皇甫濂四兄弟，四人皆好學工詩，時稱「皇甫四傑」。皇甫沖（一四九〇——一五五八），字子浚，嘉靖七年（一五二八）舉人，善騎射，好談兵，有《兵統》等專著。《列朝詩集小傳·皇甫舉人沖》謂其「博綜群籍，留心世務，爲人甚口好劇談，宿學爲折角莫能難。又好騎射，通挾丸擊毬、音樂博弈之戲，吳中文士與輕俠少年，咸推爲渠帥」。皇甫汸序其詩云：「兄詩兼綜諸體之妙，而不能稱之以一長；盡臻名家之奥，而不能擬之以一子。此二陸辭藻獨秀於平原，三謝聲華莫先於康樂也。如樂府雄深，古選雅淡，歌行縱逸，五言近體之典麗，絕句之清婉。差弱者，其七言近體乎。」皇甫涍（一四九七——一五四六），字子安，嘉靖十一年（一五三二）進士，曾官右春坊司直兼翰林檢討，有《皇甫少玄集》。皇甫汸（一四九八——一五八三），字子循，嘉靖八年（一五二九）進士，曾官南京稽勳郎中，《有皇甫司勳集》。皇甫濂（

一五〇八—一五六四）字子約，嘉靖二十四年（一五四五）進士，官工部都水司主事，有《水部集》。朱彝尊《靜志居詩話》曰：「四皇甫詩源出中唐，兼取材於潘、左、江、鮑，清音亮節，淨埽氛埃，高蘇門、華鴻山、楊夢山而外，無有及之者。」（《明詩綜》卷四十五）。

②司直，指皇甫涍，《明文海》卷四三五文徵明《浙江按察使僉事皇甫君墓誌銘》云：「（子安）詩尤沉尉偉麗，早歲規倣初唐，旋入魏晉，益玄造鑄詞，命意直欲窺曹劉之奧而及之。」皇甫沖《編次仲弟少玄集目序》：「子安體骨奇俊，詞采英發，陳諷諭則婉而不迫，敘政事則直而不俚，頌功德則艷而不諛，不取妍於一字，不求工於一詞，肇端莫測，歸趣難探。詠之而有餘音，咀之而無窮味。」（《明文海》卷二四二）王世貞《藝苑卮言》卷五云：「皇甫子安如玉盤露屑，清雅絕人，惜輕縑短幅，不堪裁剪。」黃清甫云：「司直咀華八代，會心古人，每製一篇，必經百慮，故能脫盡凡近，獨詣高遠。晚薄杜陵之史，心醉殷璠之鑒，擬之謝客則調頗道，方之常建則音稍振。」（《明詩綜》卷四十五）陳子龍云：「少玄凝思《選》調，意求雅則，惟取境不廣，無縱橫宕逸之致。」（同上）沈德潛《明詩別裁集》卷七云：「子安枕籍《選》體，故五言自高。然得風格而遺精理，未云詣極也。」司勳，指皇甫汸，有《司勳集》。姜玄仲云：「子循詩全效康樂。」（《明詩綜》卷四十五引）胡應麟《詩藪》續編卷二云：「皇甫子循之五言清鎔瀟洒，色相盡空，雖格本中唐，而神韻過之。」朱彝尊《靜志居詩話》云：「百泉清音藻思，五言整於小謝，五律雋於中唐，帷七言葸弱，兄弟攸均。集六十卷，自言始爲關洛之音，變而爲楚，再變而爲江左，三變而爲燕趙，四

變而爲蜀。既返初服，取篋中稿檢閱，凡興寄未深，格調不古，語非絕俗，句非神采者，刪之。且曰：有志摹古而力不逮，心恥時尚而薄不爲。又言：關中之詩狪，燕趙之詩厲，齊魯之詩侈，河內之詩矯，楚之詩蕩，蜀之詩澀，晉之詩鄙，江西之詩質，浙之詩嘽，吳下之詩靡，有高視一世之概。要其五言清眞朗潤，妙絕時人，匪徒火攻伯仁而已。」《明詩別裁》卷七云：「子循古體出入二謝，五言律亦在錢劉之間，與兄子安可云敵手。」《四庫全書總目提要》云：「古體源出三謝，近體源出中唐，雖乏深湛之思，而雅飭雍容，風標自異，在明中葉，不失爲第二流人。」（卷一七二，「皇甫司勳集」條）。

③月旦，《後漢書．徐劭傳》：「初，劭與靖俱有高名，好共覈論鄉黨人物，每月輒更其品題，故汝南俗有月旦評焉。」

④啓浣注云：「安定謂皇甫兄第，滄溟撰《詩刪》，入選者子約一人耳。」孫齊之云：「水部詩清夐罕儷，其志亦復玄曠。」（《明詩綜》卷四五）黃清甫云：「水部詩意玄詞雅，律細調清，長於造景，務在幽絕，雖物指區中，而神超象外。」（同上）兄子循云：「子約詩每出閑曠，彌覺沖逸，興到詩成，曾無造次應酬之語。」（同上）《靜志居詩話》云：「蔡子木哭子安詩云：『五字沉吟詩品絕，一官憔悴世途難。』李于鱗送子循詩云：『吳下詩名諸弟少，天涯宦跡左遷多。』子約官亦不達，與諸兄同，詩稍不逮也。」

《明詩別裁集》卷七云：「吳中詩品自高季迪、徐昌穀後，應推皇甫兄第。以造詣古澹無一點穠纖之習。時二黃三張空存名目耳。」皇甫兄弟與黃魯曾（字得之）、黃省曾（字勉之）爲中表兄弟。當時李夢陽、何景明之學盛行，黃省曾「北面事空同，重染北學」（《列朝詩集小傳·黃舉人魯曾》）而黃魯曾雖「詞必己出，不欲寄人籬下，亦往往希風李、何。」（同上）皇甫兄弟亦受其影響，錢謙益云：「余觀國初以來，中吳文學，歷有源流，自黃勉之兄弟，心折於北地，降志以從之，而吳中始有北學。甫氏，黃氏中表兄弟也。子安雖天才駿發，而耳目濡染，不免浸淫時學。」皇甫汸序其兄涍《少玄集》云：「（涍）方其家食含章，與徐生（縉）、二黃（黃魯曾、省曾）定交，筆札之間，篤嗜工部（杜甫），既而李、何篇出，病其蹊徑，專意建安，嘗曰：『詩可無用少陵。』」（《明文海》卷二四三）按徐縉，字紹卿，世居吳之洞庭山。錢謙益謂其「少爲詩，與二黃及皇甫子安，互相摩切。」（《列朝詩集小傳·徐處士縉》）皇甫汸之序未免有迴護之詞。其實二黃與皇甫涍篤好少陵本是受李夢陽的影響，但後來覺其弊端，又轉而學建安。皇甫登第以後，交蔡汝楠、王廷榦，又與之學六朝，並推崇本朝詩人徐禎卿，認爲詩可以不用近體。後又交唐順之、陳束，則又與之學初唐。按嘉靖初年，李、何復古學杜已形成流弊，唐順之、陳束、屠應埈、王格等人乃變而學初唐·胡應麟《詩藪》云：「嘉靖初爲初唐者唐應德、袁永之、屠文升、王汝化、任少海、陳約之、田叔禾等。」王世貞《明詩評》云：「弘正間，何、李輩出，海內學士大夫多師尊之。迨其習弊者，音響足聽，意調少歸，剽竊雷同，正變雲擾，太史（唐順之）稍振之爲初唐。」《列朝詩集小傳·唐僉都順之》云：「正嘉之間，爲詩者踵何、李之後塵，剽竊雲擾，應德（唐順之）與陳約之（束）輩，一變為初唐，於時稱為莊嚴宏麗，咳唾金璧。」皇甫涍曾與唐順之、陳束游，故而論詩受其影響。《四庫全書總目提要》云：「古文非涍所刻意，亦不擅場。其詩則憲章漢魏，取材六朝，古體多於近體，五言多於七言。其持論謂王、宋反元習之靡，而不能不病於聲，李、何矯一時之弊，而不能不泥其跡。可謂篤論。蓋涍與黃省曾為中表兄弟，早年襲其緒論，亦宗法北地之學。及其造詣既深，乃覺摹擬之失，故其論如此。然其鑒李、何之弊，則云詩可無用少陵；取法迪功（徐禎卿），則云詩可無用近體。又云七言易弱，恐降格為錢、劉。亦類於懲羹吹齏者矣。王世貞《藝苑卮言》嘗謂其如輕縑短幅，不堪裁剪；陳子龍《明詩選》亦謂其無縱橫蕩逸之致。豈非以取徑太狹，故窘於邊幅歟！要其婉麗之辭、綿邈之神，以駿駕昌谷（徐禎卿）、蘇門（高叔嗣），固無媿色也。」（卷一七二，「皇甫少元集」條）

皇甫汸與其兄涍文學道路大致相同。《列朝詩集小傳》謂其「少與伯仲氏及中表二黃稱詩，掉鞅詞苑五十餘年。其在燕中，則有高叔嗣、王慎中、唐順之、陳束，在留署，則有蔡汝楠、許穀、王廷榦、施峻、候一元、中山徐京。再赴闕下，則有謝榛、李攀龍、王世貞。而謫楚，則交王廷陳，遷滇，則交楊慎。咸與上下其議論，疏通其音律。」又云：「司直、司勳甫氏競爽，學問源流，約略相似，始而宗師少陵，懲拆洗之弊，則思追溯魏晉；既而含咀六朝，苦雕繪之窮，則又旁搜李唐。當弘正之後，暢迪功之流風，矯北地之結習，二甫之於吾吳，可謂傑然者矣。」

皇甫二兄弟既懲何、李之失，不學少陵，而學六朝學初唐，以至學徐禎卿、高叔嗣，其不受李攀龍的歡迎則是當然的。《列朝詩集小傳》謂王世貞「極詆吳人皇甫氏、黃氏，以爲如倚門之妓，施鉛粉強盼笑。」由此，亦當可以窺見李攀龍態度之一斑。皇甫濂於兄弟中成就最差，李攀龍選之，聊備一體而已。皇甫二兄弟都以短詩勝，有類於高叔嗣、徐禎卿，則其爲王士禛所喜也是當然。王士禛《七言詩凡例》云：「明五言詩極爲揔雜。……獨高季迪、皇甫子安兄弟、薛君采、高子業、徐昌國、華子潛寥寥數公，窺見六代、三唐作者之意。」正是以皇甫兄弟爲高叔嗣、徐禎卿一派而頗推尊之。

二十三

中州何李並登壇，①弘治文流競比肩。②
詎識蘇門高吏部，啼臺鸞鳳獨迫然。③

注：

①李夢陽原籍慶陽（今屬甘肅），後徙河南扶溝。《明詩綜》卷二十九引曹潔躬云：「獻吉雖產於秦，其父正教授封丘，遂徙家大梁，故《登科錄》直書『河南扶溝人』。」何景明，河南信陽人，故云中州何李。惠棟注引尹守衡《史竊》云：「李夢陽在京師，與信陽何景明遞張旗鼓，時人稱『何李』，然兩人各自成家。」

②何良俊《四友齋叢說摘鈔》五：「我朝文章，在弘治、正德間，可謂極盛。李空同、何大復、康滸西（海）、邊華泉（貢）、徐昌穀，一時共相推轂，倡復古道。」王士禛《帶經堂詩話》卷四曰：「明詩莫盛於弘正，弘正之詩莫盛於四傑。四傑者，北地空同李氏，汝南大復何氏，吳郡昌國徐氏，其一則吾郡華泉邊公，四傑之外，又稱七子。而顧華玉、朱升之、王稚欽之徒咸負盛名，弗得與於四傑、七子之列。」

③高叔嗣（一五〇一—一五三七），字子業，號蘇門山人，祥符（今河南開封）人。嘉靖二年進士，曾任吏部稽勛，官至湖廣按察使。有《蘇門集》。逌然，惠棟《漁洋山人精華錄訓纂》云：「《史記正義》：逌然，逌，古悠字，悠然，氣悅也，寬緩貌。」此二句稱贊高叔嗣詩於時流中能獨具特色。啓浣注云：「高叔嗣有《再調考功作》，爲一時傳誦。」按全詩爲：「引疾三上書，微愿不克諧。徙官復在茲，心跡一何乖。軒裳日得旦，閶闔凌雲排。入屬金馬籍，出與群龍偕。積賤詎有基，履榮誠無階。但惜平生節，逾久浸沉埋。既妨來者途，誰明去矣懷。鳥迷思故林，水落存舊涯。惟當尋素業，歸臥守荆柴。」王世貞《藝苑卮言》云：「高子業少負淵敏……其詩如『積賤詎有基，履榮誠無階』，『既妨來者途，誰明去矣懷』……清婉深至，五言上乘。」陳束《蘇門集序》：「洪武初，沿襲元體，頗存纖詞，則高（啓）、楊（基）爲之冠。成化以來，海內龢豫，喜爲流易，則李（東陽）、謝（鐸）爲之宗。及乎弘治，文教大起，學士蜚出，力振古風，一變而爲杜詩，則有李（夢陽）、何（景明）爲一倡。嘉靖初元，後生靈秀，稍稍厭棄，更爲初唐之體，家相凌競，斌斌盛矣。夫意製各殊，好賞互異，亦其勢也。然而作非神解，傳同耳食，得失之致，亦略可言。何則？子美有振古之才，故雜陳漢晉之詞，而出入正變；初唐襲隋梁之風，是以風神初振，而縟靡未刊。……

……蘇門高先生子業……謝絕品流，因心師古，涉周秦之委源，酌二京之精秘，會晉餘潤，契唐本宗，每有屬綴，佇興而就，寧復罷閣，不爲淺易之談。故其篇什，往往直舉胸情，刮決浮華，存之隱冥，獨妙閑曠，合於風騷，有應物（韋應物）之沖淡，兼曲江（張九齡）之沉雅。體孟（浩然）、王（

維）之清適，具高（適）、岑（參）之悲壯，詞質而腴，興近而遠，洋洋乎斯可謂之詩也。」顧起綸《國雅品》謂高叔嗣「負奇氣，博雅情，其爲詩若磊喬松，凌風迥秀，響振虛谷，如『莫作空山臥，令人望白雲』、『貧家滿座客，閑户一床書』、『以我不得意，憐君同此心』、『磨滅名題柱，淒涼賦賣金』，……大抵高詩有情興，通篇讀去，頗沈鬱。王元美謂其『高山鼓琴，沉思忽往』者是也。」錢謙益《列朝詩集小傳》云：「子業少受知於李獻吉，弱冠登朝，薛君采（蕙）一見嘆服，詩以清新婉約爲宗，未嘗登壇樹幟，與獻吉分別淄澠，固已深懲洗拆之病，而力砭其膏肓矣。」（丁集上「高按察叔嗣」條）

王士禛序《蘇門集》云：「明興到弘治百有余年，李何崛起中州，吳有昌穀徐氏（徐　禎卿）爲之羽翼，相與力追古作，一變宣正以來流易之習，明音之盛，遂與開元，大曆同風。洎嘉靖之初，後生英儁，稍稍厭棄先矩，去而規橅初唐，於時作者數家，例乏神解。唯高子業繼起大梁，自寫胸情，掃絕依傍。弇州詩評謂昌穀如白云自流，山泉泠然，殘雪在地，掩映新月；子業如高山鼓琴，沉思忽往，木葉盡脫，石氣自青。譚藝家迄今奉爲篤論．其弟敬美又云：『更百千年，李何尚有廢興，徐高必無絕響。』其知言哉！不佞束髮則喜誦習二家之詩。弱歲官揚州，數於役大江南北，停驂輟櫂，必以《迪功》、《蘇門》二集自隨。順治辛丑，泊舟海陵，嘗取二集評次，錄爲一通。大抵於徐主《迪功集》，而外集、別集什不取一．於高主五言，而七言則姑舍是。此本貯篋中久矣。康熙己卯居京師，燒燭檢故書，適得二集，鉛槧宛然，輒加刪補，鋟版京師，以申平生瓣香二公之志云。」（《蠶尾續文》）

高子業處前七子與後七子之間，當時李、何倡詩必盛唐之說，其詩以杜甫爲宗，天下翕然嚮應，頗有弊端。嘉靖初年，唐順之、陳束等人思懲其弊，轉而宗初唐，但又「例乏神解」。胡應麟《詩藪》續編卷二云：「自北地宗師老杜，信陽和之，海岱名流，馳赴雲合。而諸公質力高下強弱不齊，或強才以就格，或因格以附才。故弘、正自二三名士外，五七言律，往往剽襲陳言，規模變調，粗疏澀拗，殊寡成章。嘉靖諸子見謂不情，改創初唐，斐然溢目，而矜持太甚，雕繢滿前，氣象既殊，風神咸乏。」而高叔嗣則不隨流俗，另闢蹊徑。其《讀書園稿自序》云：「余素攻於辭，戊子以吏部郎中謝病歸……

……當是時李空同先生方盛，邑子之屬出其門，撰爲文辭，模於古人，若宋蘇軾、唐韓愈，薄不爲也。余私心不能無慨慕，時時竊撰一二篇。庚寅歲所著獨多，踰年，余既上京師，斯事乃罷，夫本非所長，而強力慕之，度必取詘於衆。」（《蘇門集》卷二）

《四庫全書·蘇門集提要》云：「當正德、嘉靖間，夢陽以詩學倡導海內，學士無不從風披靡，叔嗣獨以清和婉約爲宗，密詠恬吟，自摽新穎，雖未嘗顯與夢陽樹幟，而舉所爲拆洗呑剝之病，不啻一舉空之。」高子業之長處在五言，王世懋《藝圃擷餘》謂其巧於用短。《明詩紀事》引李中麓《閒居集》云：「何李雖成大家，去唐卻遠；蘇門雖云小就，去唐卻近。」胡應麟《詩藪》續編卷二云：「高子業視李、何後出，而其五言古律之工，不欲作今人一字，在唐不減張曲江、韋蘇州矣。」沈德潛《明詩別裁集》卷七云：「蘇門五言沖淡得韋蘇州體。」又《說詩晬語》謂薛蕙、高子業「並以沖淡爲宗，五言古風，獨饒高韻。」馬星翼《東泉詩話》云：「高子業叔譽（當作嗣）與昌穀並稱，巧於用短者。子業詩多近選體，倣陶謝二家。」張九齡、韋應物都是善學古者，王漁洋曾以之繼漢六朝之後，謂之「超然復古」者，馬星翼以爲高子業詩倣陶謝，與胡應麟謂之不減張、韋，當不矛盾。

王士禛推尊高叔嗣在其古淡，《池北偶談》云：「明詩本有古澹一派，如徐昌穀、高蘇門、楊夢山、華鴻山輩。自王（世貞）、李（攀龍）專言格調，清音中絕。同時王奉常（世懋）小美作《藝圃擷餘》有數條與其兄及濟南異者，予特拈出。如云：『今之作者，但須眞才實學，本性求情，且莫理論格調。』又云：『詩有必不能廢者，雖衆體未備，而獨擅一家之長。如孟浩然洮洮易盡，祇以五言雋永，千載並稱王、孟。有明則徐昌國、高子業二君，詩不同而皆巧於用短。徐有蟬蛻軒舉之風，高有秋閨愁婦之態。更千百年，李、何尚有廢興，二君必無絕響。』此眞高識迥論。令于鱗、大美早聞此語，當不開後人抨彈矣。」惟其如此，漁洋《五言詩選》以其與徐禎卿諸人詩直接三唐，謂能「窺見六代、三唐作者之意」。亦惟如此，漁洋才以其詩自隨，自稱「瓣香」，並親爲整理刻傳之。《四庫全書總目提要》云：「明自宏治以迄嘉靖，前後七子，軌範略同。惟禎卿、叔嗣雖名列七子之中（按：高叔嗣並不屬七子之列），而泊然於聲華馳逐之外。其人品本高，其詩亦上規陶、謝，下摹韋、柳，清微婉約，寄託遙深，於七子爲別調。越一二百年，李何爲衆口所攻，而二人則物無異議。王世懋之所論，其言竟果驗焉。豈非務外飾者所得淺，具內心者所造深乎。士禛之詩，實沿其派，故合二人所作，簡其菁華，編爲此集。」（《四庫全書總目提要》卷一九〇「二家詩選」條）王士禛於五言詩實學王、孟、韋、柳一派，高叔嗣之作能淂唐人之神髓，故爲漁洋所深喜。

二十四

文章煙月語原卑，① 一見空同迥自奇。②
天馬行空脫羈靮，③ 更憐《談藝》是吾師。④

注：

①啓浣注：「《鸚鵡》五集所謂名句如『文章江左家家玉，煙月揚州樹樹花』，乃吳派之卑卑者。」
　徐禎卿（一四七九—一五一一），字昌穀，一字昌國，江蘇吳縣人。弘治十八年（一五〇五）進士，官國子監博士。少與祝允明、唐寅、文徵明齊名，稱「吳中四才子」。登第後從李夢陽、何景明游，爲前七子之一。有《文章煙月》詩曰：「風霜獨臥閑中病，時節偏催壑口蛇。籬下落英秋半菊，燈前新夢鬢雙華。文章江左家家玉，煙月揚州樹樹花。今待此心銷滅盡，好持齋缽禮毗耶。」此詩出於徐禎卿《鸚鵡五集》（即《鸚鵡》、《焦桐》、《花間》、《野興》、《自慚》五集），乃昌穀少時所作。其中「文章江左」一聯爲時人所稱。傅光宅《重題徐迪功外集序》謂「世稱『文章江左家家玉，煙月揚州樹樹花』，是其警句。」錢謙益《列朝詩集小傳·徐博士禎卿》：「屢台試不捷，感屈子《離騷》，作《歎歎集》，論者以『文章江左家家玉，煙月揚州樹樹花』爲集中警句，雖

沈、宋無以加。」（按：此云「文章煙月」句出自《歎歎集》，與王說不同。）徐禎卿爲「吳中四才子」之一，爲文受吳中風習影響，帶有齊梁習氣，《鸚鵡》五集頗染這種習氣。入仕見李夢陽後，乃改前習。後徐禎卿自選《迪功集》，不收少時之作。對徐氏前期作品，吳人評價頗高，而七子之派則評價甚低。王世貞《藝苑卮言》卷六：「昌穀自選《迪功集》，咸自精美，無復可憾。近皇甫氏爲刻《外集》，袁氏爲刻《五集》。《五集》即少年時所稱『文章江左家家玉，煙月揚州樹樹花』者是已，餘多樨俗之語，不堪覆瓿。世人猥以重名，遂概收梓，不知舞陽絳灌既貴後，爲人稱其屠狗吹簫，以爲佳事，寧不泚顙。」錢謙益反對七子復古，又力揚禎卿少時之作，王漁洋則與錢相反。《明詩別裁集》卷六云：「錢牧齋左袒吳下，而排斥北地（按指李夢陽待復古派），王阮亭以『文章江左』、『煙月揚州』二語爲吳體之卑卑者，彼此皆屬偏見。北地自有異人，吳體非必卑卑也。」

②王士禛《分甘餘話》：「昌谷少時詩，較之自定《迪功集》，不啻霄壤。微空同師資之功，不能超凡入聖如此。」徐禎卿少年作詩喜白居易、劉禹錫，登第後與李夢陽交，悔其少作，改學漢魏盛唐。王世貞《藝苑卮言》卷六：「昌穀少即摛詞，文匠齊梁，詩沿晚季，迨舉進士，見獻吉始大悔改。」鄭善夫《少谷集》卷十六《迪功集跋》云：「昌穀年二十，厭薄吳聲，一變遂與漢魏盛唐作者馳騁上下，今之世絕無而僅有者也。」許學夷《詩源辯體》云：「徐昌穀少年文匠齊、梁，詩沿晚季，所著有《鸚鵡編》、《焦桐集》、《花間集》、《野興集》、《自慚集》，大要淺稚鄙俗，《焦桐》則盡入惡陋，《鸚鵡》略有可觀。逮舉進士，見獻吉，始大悔，改其所爲。今《迪功集》僅一百九

十首，乃其自選後作，而前詩一無取焉。」

③朱彝尊《明詩綜》輯評引李舒章（雯）語云：「迪功詩神致俊爽，如天廄飛龍，不加鞭策，自然駃邁。」陳田《明詩紀事》引《環溪詩話》云：「徐迪功詩如洞天仙子，偶落人間，不作風塵中語。」（《明詩綜》卷三十一）

④王士禛《漁洋詩話》云：「余於古人論詩，最喜鍾嶸《詩品》、嚴羽《詩話》、徐禎卿《談藝錄》。」漁洋《二家詩選》附評引顧璘《國寶新編》云：「昌穀神清體弱，雙瞳燭人，幼精文理，不由教迪。上採騷雅，下括高岑，融會折衷，備茲文質。其所探索，具在《談藝錄》。可謂良工心苦者。」又引陳子龍語云：「迪功存詩無多，乃與二雄（李夢陽、何景明）鼎足。觀其《談藝》，皆深造之語，宜其短章片語，無不連城也。」

徐禎卿中進士後，即致書欲拜見當時的文壇領袖李夢陽。據朱彝尊《靜志居詩話》云：「迪功少學六朝，其所著五集，類靡靡之音。乃見北地（李夢陽），初猶崛強賦詩云『我雖甘爲李左車，身未交鋒心未服。』」（《明詩綜》卷三十一）頗有些不肯服善。李夢陽《空同集》卷六十二有《與徐氏論文書》一文云：「夫詩宣志而道和者也，故貴宛不貴險，貴質不貴靡，貴情不貴繁，貴融洽不貴工巧。故曰聞其樂而知其德。故音也者，愚智之大防，莊詖簡侈浮孚之界分也。至元、白、韓、孟、皮、陸之徒爲詩，始連聯鬥押，纍纍數千百言不相下。此何異于入市攫金，登場角戲，彼賭冠冕珮玉有不縮腕投竿而走者乎！何也？恥其非君子也。三代而下，漢魏最近古。向使繁巧嶮靡之習誠貴於情質宛洽，而壯詖簡侈浮孚，意義殊無大高下，漢魏諸子不先爲之邪？」

徐禎卿既改學漢魏盛唐，自選定《迪功集》。李夢陽序其集云：「溫雅以發情，微婉以諷事；爽暢以達其氣，比興以則其義，蒼古以蓄其詞，議擬以一其格，悲鳴一泄不平，參伍以錯其變，該物理人通之懿。」但同時又指出其學古：「夫追古者未有不先其體者也，然守而未化，故蹊徑存焉。」（《空同集》卷五十二）而吳中士子則對徐禎卿改步易趨頗有非議。錢謙益《列朝詩集小傳》謂：「登第之後，與北地李獻吉游，悔其少作，改而趨漢、魏、盛唐，吳中名士頗有『邯鄲學步』之誚。」錢謙益本人對徐禎卿少時之作甚爲推崇，謂「其持論於唐名家，獨喜劉賓客、白太傅，沈酣六朝，散華流艷，文章煙月之句，至今令人口吻猶香。」對於李夢陽所譏「守而未化蹊徑存焉」的後其之作，錢謙益則認爲：「標格清妍，摛詞婉約，絕不染中原傖父槎牙奡兀之習，江左風流，故自在也。獻吉譏其守而未化，蹊徑存焉，斯亦善譽昌穀者與。」所謂「守而未化」者錢謙益理解爲守其故習，猶帶吳中風氣。《明史．徐禎卿傳》謂徐「既登第，與李夢陽、何景明游，悔其少作，改而趨漢、魏、盛唐，然故習猶在，夢陽譏其守而未化。」其說與錢謙益同。錢牧齋認爲昌穀曾從李夢陽學漢魏盛唐，但不帶夢陽之缺點，而江左風流自存，故反夢陽之意而用之，以「守而未化，蹊徑存焉」是對昌穀的稱揚。錢謙益對徐禎卿之評價正與李夢陽輩相反，這與錢謙益反復古的立場有關。牧齋抨擊夢陽，故對異於夢陽之處往往多所褒獎。王漁洋對錢謙益的態度頗有非議，《居易錄》謂：「徐昌國《談藝錄》云：

『未睹鈞天之美，則北里為工；不詠《關雎》之亂，則《桑中》為雋。』當是既見空同，深悔其吳歈耳。而牧翁力揚其少作，正弇州（按，即王世貞）所云，舞陽、絳、灌既貴後，稱其屠狗吹簫，以為佳事，寧不泚顙者也。」因而十分肯定李夢陽的作用。

翁方綱則又對漁洋之高揚李夢陽頗不以為然。翁氏《復初齋文集》卷八《徐昌穀詩論一》曰：「今之說詩者皆曰：《迪功集》，雅音也；《歎歎》等五集，鄭聲也。然而為吳下詩派者則曰：少作，其本色也；改從北地者，其變也。為之說者則又曰：《迪功集》師古而仍存吳音，非學北地也。然而《迪功集》是其手定，《歎歎》等五集則其所棄餘也。故善言詩格者必以為昌穀深得於空同師資之力矣。然空同序其詩曰：守而未化，蹊徑存焉。是必空同之詩能化蹊徑而後議其未化也。今試取李、徐二家所學杜李盛唐諸家分刌切比而弦歌之，其孰果能化歟？曰：均弗化也。均弗化則奚以未化譏之？然則李子之意，蓋自謂其能化也久矣。何者？少陵供奉之詩縱橫出沒，不主故常，彼空同者，未能知其故也，然亦未嘗不自以為縱橫出沒，不主故常也。故視徐子之紹古為篇者，專近於執著摹擬矣，故毅然譏之曰未化也。夫徐子捨其少作，以就李之所學，李則學古，徐亦學古，等學古耳，顧使李子目以蹊徑未化，反不若其少作可以跌宕自憙者，此於徐子之心果甘若是乎？然吾揆諸徐子之心，而知其實若是也。夫李雖與徐同師古調，而李之魄力豪邁，恃其拔山扛鼎辟易萬夫之氣，欲舉一世之雄才而掩蔽之；為徐子者乃偶拈一格，具體古人，以少胜多，以靜攝動。籍使同居蹈襲之名，而氣體之超逸，據其上矣。故曰揆徐子之意如此也。然則徐子自知其蹈襲歟？曰：不知也。不知何故蹈襲之？曰：非此不足以洗滌其少作也。……夫徐子知少作之非，悅學古之是，此時若有眞實學古之人，必將引而深之，由性情而合之學問，此事遂超軼今古矣。」

與錢牧齋不同，翁方綱把李夢陽所謂「守而未化，蹊徑存焉」看作是其學古未化，還有古人蹊徑。但在翁方綱看來徐禎卿與李夢陽一樣都是守而未化，認爲李夢陽雖引導其學漢魏盛唐，但並沒有把其引到正路上去，認爲「由性情合之學問」才是正確途徑。所以其《石洲詩話》又云：「迪功少負雋才，及見空同，然後一意師古。惜空同專以模倣爲能事，以其能事，覘其良友，故以如此天挺之清奇，以如此能改之毅力，而所造僅僅如此。亦其時爲之耳。顧空同爲之序曰：『守而未化，蹊徑存焉。』豈空同果能化歟？夫迪功所少者，非化也，眞也。眞則積久能化矣。未有不眞而可言詩者。漁洋論詩所少者，亦正在眞子。」這乃是翁氏以肌理派的立場所發之論，以爲王漁洋與李、徐亦有同病。

王漁洋喜徐禎卿者是何緣故？其選《高徐二家詩集》謂於徐主《迪功集》，《精華錄》卷五有《題迪功集》一詩，云：「昭（翁方綱《石洲詩話》認爲當是「絕」）代嬋娟子，徐卿雅好文。稱詩如典午，譚藝如參軍。濩落雲霞質，飄颻鸞鶴群。祇應禹洞里，靈跡待夫君。」所謂典午者即正始之音，所謂雲霞質、鸞鶴群者謂其詩脫塵俗而高古也。上伯穀云：「李（獻吉）資弘亮，徐（禎卿）學精深。長才絕力，則徐不逮李；古色清聲，則李不逮徐。」（《明詩綜》卷三十一引）王世貞《藝苑卮言》卷五曰：「徐昌穀如白雲自流，山泉泠然，殘雪在地，掩映新月；又如飛天仙人，偶游下界，不染塵俗。」蔣仲舒云：「昌穀詩韻本清華，調復古秀，雖何李亡易也。」（《明詩綜》卷三十一引）

王士禛所喜徐禎卿者在其古淡，而這種特點又主要體現其五言詩上。漁洋《池北偶談》謂明詩古淡一派就推徐昌穀，又其選五言古詩以徐昌穀等直接唐詩，以爲能「窺見六代、三唐作者之意」。翁方綱對此亦有異議。其《徐昌穀詩論二》云：「迪功詩七古不如五古，七律不如五律，七古七律又不如七絕，蓋能用短不能用長也。夫勢短字少則可以自掩其鑿痕，故蹈襲者弗病也。篇長則將何展接乎？是以凡能用短不能用長者，皆執一而廢百者也。然而陶韋之短篇，則眞短篇也，豈其襲之云乎？由所病在襲，故短亦襲耳。人各有所讀之書，所處之境，所値之時，不必其似也。王新城（即王士禛）眼力極高，顧欲跨宋元數百年直以徐昌穀諸人上接六代三唐作者，其然，豈其然乎！新城又獨韙漢魏五言無過十韻者，輒欲大薙工部（杜甫）《八哀》諸句，其然，豈其然乎。」翁方綱蓋以徐禎卿雖長於用短，但無奈是模襲，不足與古人相比。

二十五

濟南文獻百年稀，①白雪樓空宿草菲。②
未及尚書有邊習，猶傳林雨忽沾衣。③

注：

①李攀龍（一五一四—一五七〇），字于鱗，號滄溟，山東歷城（今濟南）人。嘉靖二十三年（一五四四）進士，曾任陝西提學副使，官至河南按察使。攀龍曾與謝榛、吳維岳等結五子之社，又與王世貞等結七子之社，操海內文柄近二十年。《明史・文苑傳》謂「其持論謂文自西京，詩自天寶而下，俱無足觀，於本朝獨推李夢陽，諸子翕然和之，非是，則詆爲宋學。」後徐渭、湯顯祖已不滿之，而公安、竟陵以至錢謙益等更是對其抨擊不遺餘力。袁宏道在《序小修詩》一文中云：「蓋詩文至近代而卑極矣。文則必欲準於秦代，詩則必欲準於盛唐。剿襲模擬，影響步趨。見人有一語不相肖者，則共指以爲野狐外道。曾不知文準秦漢矣，秦漢人曷嘗字字學六經歟！詩準盛唐矣，盛唐人曷嘗字字學漢魏歟！秦漢而學六經，豈復有秦漢之文？盛唐而學漢魏，豈復有盛唐之詩？」《列朝詩集小傳》謂其「高自夸許，詩自天寶以下，文自西京以下，誓不污我毫素也。官郎署五六年，

倡五子、七子之社，吳郡王元美以名家勝流，羽翼而鼓吹之，其聲益大噪……其徒之推服者，以謂上追虞姒，下薄漢唐，有識者心非之，叛者四起，而循聲贊誦者，迄今百年，尚未衰止。」到王士禛的時代，其聲已銷殆盡。《漁洋詩話》云：「歷下詩派，始盛於弘正四傑之邊尚書華泉，再盛於嘉隆七子之李觀察滄溟，二公後皆式微。」（丁集上「李按察攀龍」）

②在李攀龍官陝西提學副使期間，「西土數地動，心悸念母，移疾歸。……及其自秦中挂冠，構白雪樓于鮑山、華不注之間，杜門高枕，聞望茂著，自時厥後，操海內文章之柄垂二十年。」（《列朝詩集小傳．李按察攀龍》）按李攀龍《酬李東昌寫寄白雪樓圖》有序云：「樓在濟南郡東三十里許鮑城，前望太麓，西北眺華开注諸山，大河、清河，交絡其下，左瞰長白平陸之野，海氣所際，每一登臨，鬱爲勝觀。」白雪樓後又易地。惠棟注引王象春《峼湖集》曰：「于鱗先生白雪樓有二：其初歸林下，卜地鮑山，在王舍之東北隅。鮑一卷石耳，下有叔牙城，即大夫采邑。末年，又築樓於城中湖上，碧霞宮之側。許殿卿贈詩所謂『湖上樓』是也。今日爲富家馬廄。」又王漁洋《香祖筆記》云：「李按察攀龍白雪樓，初在韓倉店，所謂『西揖華不注，東揖鮑山』者，後改作於百花洲，在王府後，碧霞宮西，許長史詩所謂『湖上樓』也。今趵突泉東有白雪樓，乃後人所建，以寓仰止之意，非舊跡也。」李攀龍死後甚爲淒涼。《池北偶談》卷十二「滄溟蔡姬」條云：「李滄溟先生，身後最爲寥落。其寵姬蔡，萬歷癸卯，年七十餘矣，在濟南西郊，賣胡餅自給，叔祖季木「王象春」考功見之，爲賦詩云：『白雪高埋一代文，蔡姬典盡舊羅裙』云云，邢太僕子愿有與孫月

峰巡府書云：『竊見李滄溟先生攀龍，葆眞履素，取則先民，鎔古鑄今，蔚爲代寶。而今五畝之宅，已非文靖之舊；襄陽之里，空標孟亭之名。侗每詢訪人士，皆云李駒淪喪，有子繼亡，止遺孽孫，又復無母，才離襁褓，寄命嫠媼，僦居窮巷，托跡浮萍，並日無粗糲之食，經年尠漿汁之饋。伏愿明公，下記所司，略損公帑，爲贖數椽之敝屋，小復白雪之舊居，月或給米一石，布若干疋，籍以長養壯髮，綿延後昆。一線猶龍之緒，實被如天之福。斯文一脈，其疇逆心。』觀二事，滄溟清節可知矣。」

③尚書，指邊貢。邊貢（一四七六—一五三二），字廷實，山東歷城人。弘治九年（一四九六）進士，官至南京户部尚書，前七子之一。邊習，字仲學，邊貢次子。有《睡足軒集》一卷。王士禛選邊貢詩附之，稱《邊仲子詩》。按，邊貢身後亦甚爲寥落。《蠶尾續文》卷二《邊仲子詩選序》：「邊華泉（貢）先生有二子：曰翼，曰習。習字仲學，能以詩世其家。先生（邊貢）自給事中一麾出守，兩視學政於晉於梁，内陟卿寺，歷官南京户部尚書，所至登臨山水，購古書金石文字累數萬卷，而家無中人之產，身後至無以庇其子姓。仲子貧困，負薪以授徒，取給饘粥；今所存《睡足軒詩》一卷，故友徐隱君夜購得手稿重裝之。余刻《華泉集》於京師，乃取徐本重閱之，錄其半，刻附先生集後。」又《漁洋詩話》云：「余刻《華泉集》及其仲子習遺詩，又訪其後裔，則墓祠久廢，七世孫某已爲人家佃種矣，乃公言於當道，予以奉祀生。『兒童不識字，耕稼魏公莊』，古今同慨也。」漁洋於邊習詩亦甚喜，《帶經堂詩話》卷十二云：「邊華泉先生仲子習頗能詩，其佳句云：『野風欲

落帽，林雨忽沾衣。』又『薄暑不成雨，夕陽開晚晴。』而老鰥貧窶，至不能給朝夕以死，則先生清節可知也。」漁洋此詩就是有感於此而爲：「順治癸巳（一五六三）曾假閲邊習詩集於東癡（徐夜）先生，康熙癸卯（一六六三）予在揚州作《論詩絕句》，中一首云：『濟南文獻百年稀，白雪樓空宿草菲；不及尚書有邊習，猶傳林雨忽沾衣。』著其事也。」翁方綱《石洲詩話》云：「邊仲子詩稿手蹟，予嘗見之，前有徐東癡（徐夜）手題數行，漁洋以紅筆題其卷端。其詩皆漁洋紅筆圈點，或偶改一二字。此句『野風欲落帽，疏雨忽沾衣』，實是『疏』字。漁洋紅筆壓改『林』字，蓋以『林』與『野』相對也。不知此『野』字，原不必定以『林』爲對，自以『疏』爲是，改『林』則滯矣。漁洋竟有偶失檢處。」

邊貢爲前七子之一，李攀龍爲後七子之首，二人詩原無多少聯係。漁洋置之一處論者，以兩人同爲濟南人。《香祖筆記》云：「吾鄉風雅，盛于明弘、正、嘉、隆之世，前有邊尚書華泉。後有李觀察滄溟。」但於二人之態度則頗不相同。對於邊貢，漁洋不僅選其詩刻之，并亦恤及其後人。陳田《明詩紀事》云：「《華泉集》蔓蕪未翦，今觀阮亭《詩選》，頓爾改觀。曹子建嘗嘆異世相知，誰訂吾文者，阮亭眞華泉曠世知已。」可見漁洋知邊貢之深。弘正間，李、何、邊、徐雖有四傑之稱，但時人以爲邊貢稍弱。王士禛之推邊貢的原因何在？漁洋在《華泉先生詩選》附有諸家評論。其引何良俊之說云：「世人獨推何、李爲當代第一，余以爲空同關中人，氣稍過勁，未免失之怒張；大復之俊節亮語出於天性，亦自難到，但工於言句而乏意外之趣。獨邊華泉興象飄逸，而語亦清圓，故當共推此人。」（《四友齋叢說》）又錄《海岳靈秀集》云：「華泉之作雖不逮李、何，然平淡和粹，孝廟以前，海岳之才無其倫比。」邊貢詩的這種特點正符合王士禛的審美趣味。王漁洋論詩屢稱沖淡之詩品，其推王、孟、韋、柳以至高叔嗣、徐禎卿，都是這個緣故，因而漁洋之稱邊貢也是自然的了。

王漁洋對李攀龍之態度有一個變化過程。據計東《寧益賢詩集序》謂其順治己亥（順治十六年，一六五九）、庚子（順治十七年，一六六〇）間「稱人之詩謂兼空同（李夢陽）歷下（李攀龍）」，是時有稱楊攀龍之意，但到此詩中已暗寓尊邊貶李之傾嚮。葉矯然《龍性堂詩話初集》云：「貽上有絕句云『濟南文獻百年稀，白雪樓空宿草非（按：應作「菲」）。未及尚書有邊習，猶傳林雨忽霑衣。』注：「邊司徒仲子邊習有句云：『野風欲落帽，林雨忽霑衣。』又『薄暑不成雨，夕陽開晚晴。』」津津道之，而及濟南宿草，自有微意。」此後這種態度愈加明顯。汪琬《說鈴》云：「王進士（王士禛）言：『若遇仲默（何景明）、昌穀（徐禎卿）必自把臂入林；若遇獻吉（李夢陽）便當退三舍避之。』予時在坐，遽謂曰：『都不道及汝鄉于鱗耶。』王嘿然。」又漁洋《古夫于亭雜錄》云：「陳大樽（陳子龍）《明詩選》於弘正間持擇甚精，嘉靖以來便稍皮相，什得七八耳。至儗早朝應製之體闌入，未免可厭。萬歷以下，如湯義仍（湯顯祖）、曹能始不愧作者，概置之鄶下無譏之列，此則大誤。須合牧齋《列朝詩》觀之。弘嘉間，虞山先生（錢謙益）之論不足爲據，當以陳爲正。」按陳子龍乃七子復古之繼承者，其於李攀龍推崇甚至，謂「于鱗天骨既高，人工復盡，如玉出藍田，而復遇巧匠，珠同隋侯，而更耀螓首，故遇瑕則剔，有美必雙，總其經營反側，不輕染翰，故能領袖群倫。五古規摹建安，潘陸以後，涉筆便少，未免取境太狹。七古原於李頎，而雄整過之。五律雜出盛唐諸家，七律有王維之秀雅、李頎之流麗，而又加整練高華，固爲千古絕調，絕句調甚練而若出自然，意必渾而每多可思，照應頓挫，俱有法度，未易至也。」錢謙益則對後七子都猛加抨擊，漁洋謂此一段須和《列朝詩》觀之，亦可見其意也。其《居易錄》云：「錢牧齋（謙益）……駁滄溟擬古樂府、擬古詩，是也……」明確肯定錢謙益對李攀龍此二體擬古的痛責。錢謙益抨擊李攀龍擬古樂府云：「其擬古樂府也，謂當如胡寬之營新豐，雞犬皆識其家。寬所營者，新豐也，其阡陌衢路未改，故寬得而貌之也。令改而營商之亳，周之鎬，我知寬之必束手也。易云擬議以成變化，不云擬議以成其臭腐也。易五字而爲翁離，易數字而爲東門行、戰城南。盜思悲翁之句，而云烏子五，烏母六、陌上桑。竊孔雀東南飛之詩，而云西鄰焦仲卿，蘭芝對道隅。影響剽賤，文義違反，擬議乎？變化乎？」（《列朝詩集小傳·李按察攀龍》）又評其古詩云：「句摭字捃，行數墨尋，興會索然，神明不屬，被斷菑以衣繡，刻凡銅爲追蠡，目曰後十九，欲上掩平原之十四，不亦愚乎？」（同上）漁洋論樂府反對摹擬（前論樂府一首已言之），故其不喜李攀龍樂府固屬必然。但於五言古詩，漁洋雖不喜于鱗模倣之作，但對其論五言古詩則深以爲是，而以錢謙益之駁論爲非。按錢氏云：「（于鱗）論五言古詩曰：唐無五言古詩，而有其古詩。彼以昭明所譔爲古詩，而唐無古詩也，則胡不曰魏有其古詩，而無漢古詩，晉有其古詩，而無漢魏之古詩乎？」（同上）《師友詩傳錄》載漁洋語云：「滄溟先生論五言，謂：

『唐無五言古詩，而有其古詩。』此定論也。常熟錢氏（謙益）但截取上一句，以爲滄溟罪案，滄溟不受也。要之，唐五言古固多妙緒，較諸《十九首》、陳思、陶、謝，自然區別。」李攀龍謂唐無五言古詩，而有其古詩，乃以選體之五言古作標準衡量唐五言古，以爲唐之五古不同於選體，但李攀龍對二者的區分是有價值判斷在其中的，有不滿於唐五言古詩之意。《師友詩傳錄》記張篤慶語云：「歷下之詩，五言全倣《選》體，不肯規摹唐人……所以有唐無五言古詩之說也。究竟唐人五言古皆各成一家，正以不依傍古人爲妙，亦何嘗無五言古詩也？」錢謙益之抨擊李攀龍亦從此角度而言之也。但漁洋之意則以爲李攀龍對《選》體五古與唐五言古的區別是正確的，而對于鱗在此區分中所含的態度則置之不論，以上下句等量齊觀，故會與錢謙益發生分歧。其實言種分歧並非偶然。在漁洋心目中原亦是以選體爲正宗。其評唐五言古以爲有古調、有唐調，上引其所謂「唐五言古時固多妙緒，較諸《十九首》、陳思、陶、謝，自然區別」，也正爲此意。而其《五言詩選》正是以古調作標準以進行別擇的。其於唐只選陳子昂、張九齡、李白、韋應物、柳宗元，可謂一部五言古調之選。由此可見漁洋之爲李攀龍此論辯護，當是有原因的。

楊際昌《國朝詩話》卷一云：「新城《論詩》諸絕，秤等不踰，且多寓意。獨不解者，李滄溟詩雖有習氣，七言近體自推高手，乃云：『未及尙書有邊習，猶傳林雨忽霑衣。』滄溟餘韻，何遽不如邊耶？嘗見鈍翁（汪琬）《說鈴》載先生言：『若遇仲默、昌穀，必自把臂入林，若遇獻吉，便當退三舍避之。』鈍翁云：『都不道及汝鄉于鱗耶？』先生默然。何滄溟之見遺於先生也？恨九原不作，無由質之。」其實漁洋對李攀龍之七律還是肯定的，其《居易錄》云：「同年劉吏部公㦷（劉體仁）云：『七律較五律多二字耳，其難什倍。譬開硬弩，祇到七分，若到十分滿，古今亦罕矣。』予最喜其語。因思唐宋以來，爲此體者，何翅千百人，求其十分滿者，唯杜甫、李頎、李商隱、陸游，及明之空同、滄溟二李數家耳。」不僅如此，漁洋與李攀龍論七律同以王維、李頎爲正宗，觀點相同（參見「杜家箋傳太紛拏」一首）。論七律以王維、李頎爲正宗，作七律則學王、李，漁洋與攀龍在此一點上頗爲相合，漁洋肯定于鱗之七律亦是當然。

批評李攀龍擬古之作而肯定其七律，這並不是漁洋一人之見。胡應麟《詩藪》云：「獻吉學杜，步趨形骸，登善之摹《蘭亭》也；于鱗擬古割裂餖飣，懷仁之集聖教也。必如獻吉歌行，于鱗七律，斯爲雙鵰並運，各極摩天之勢。」李時遠云：「滄溟七律誠佳，至於擬古，雖無作可也。」（《明詩綜》卷四十六引）沈德潛《說詩晬語》云：「李于鱗　擬古詩，臨摹已甚，尺寸不離，固足招詆諆之口。而七言近體，高華矜貴，脫去凡庸，正使金沙並見，自足名家。」李攀龍七律學李頎、王維，雖雄俊精麗，但祇一種格調，用語重複，多讀亦令人厭之。《明詩綜》引屠隆曰：「若盡讀于鱗詩，初則喜其雄俊，多則厭其雷同。」胡應麟又云：「于鱗七律高華傑起，一代宗風……然用字多同……十篇而外，不耐多讀。」（《詩藪》續編）朱彝尊《靜志居詩話》謂其「惟七律人所共推，心慕手追者，王維、李頎也。合而觀之，句重字複，氣斷續而神佤離，亦非絕品。」于鱗此病，漁洋亦當熟知之，故其對攀龍總體評價不高。

二十六

楓落吴江妙入神，① 思君流水是天真。②
何因點竄澄江練， 笑殺談詩謝茂秦。③

注：

①《新唐書·崔信明傳》：「信明蹇亢，以門望自負。嘗矜其文，謂過李百葯，議者不許。揚州錄事參軍鄭世翼者，亦驁倨。數恌輕忤物，遇信明江中，謂曰：『聞公有「楓落吴江冷」，願見其餘。』信明欣然多出眾篇。世翼覽未終，曰：『所見不逮所聞！』投諸水，引舟去。」

②「思君如流水」，徐幹《室思》中詩句，鍾嶸《詩品》：「『思君如流水』，既是即目。」

③謝榛（一四九五—一五七五），字茂秦，號四溟山人，山東臨清人。早年擅詞曲，後折節讀書，刻意爲歌詩。是時李攀龍、王世貞結社，謝榛爲長，爲後七子之一。後受李、王排擠，被削名於七子之列。有《四溟集》，論詩著作有《四溟詩話》（又名《詩家直說》）。王世貞《藝苑卮言》卷三：「謝山人（榛）謂玄暉『澄江淨如練』，『澄』、『淨』二字意重，欲改爲『秋江淨如練』。余不敢以爲然，蓋江澄乃淨耳。」毛先舒《詩辯坻》卷二：「茂秦（謝榛）謂『澄江淨如練』，『澄』、

「淨」二字意重，欲改爲「秋江淨如練」。元美（王世貞）駁之，以爲江澄乃淨。余謂二君論俱不然。「澄」、「淨」實複，然古詩名手多不忌此處。徐幹「蘭華凋復零」，阮籍「思見客與賓」，《嬌女詩》「滌水清且澄」，謝莊「夕天霽晚氣」，顏延年「識密鑒亦洞」，謝靈運「洲縈渚連綿」，簡文帝「飛棟杏爲梁」，吳均「白酒甜鹽甘如乳」，即朓作仍有「地迥聞遙蟬」，又「曾厓寂且寥」此類殊多，不妨渾樸。要之「澄江淨如練」，眺矚之間，景候適轃，語俊調圓，自屬佳句耳。茂秦欲易「澄」爲「秋」，亡論與通章春景牴牾，已頓成流薄，此茂秦欲以唐法繩古詩，固去之遠甚。而元美曲解，亦落言筌，失作者之妙矣。」

王士禛不喜謝榛談詩。《師友詩傳續錄》記劉大勤問：「謝茂秦論絕句之法，首句當如爆竹，斬然而斷。古人之作，亦有不盡然者，何也？」漁洋回答說「《四溟詩說》，多學究氣，愚所不喜。此段亦不謂然。」按《四庫全書總目提要》評謝榛《詩家直說》云：「榛詩本足自傳，而急於求名，乃作是書以自譽，持論多誇而無當。又多指摘唐人詩病，而改定其字句。甚至稱夢見社甫、李白登堂過訪，勉以努力齊名。今觀其書，大旨主於超悟，每以作無米粥言。猶嚴羽才不關學、趣不關理之說也。又以練字爲主，亦方回句眼之說也。」如謂杜牧《開元寺水閣》詩「深秋簾幙千家雨，落日樓臺一笛風」句不工，改爲「深秋簾幙千家月，靜夜樓臺一笛風」。不知前四句爲「六朝文物草連空，天澹雲閒今古同。鳥去鳥來山色裏，人歌人哭水聲中。」末二句爲「惆悵無因見范蠡，參差煙樹五湖東。」皆登高晚眺之景，如改「雨」爲「月」，改「落日」爲「靜夜」，則「鳥去鳥來山色裏」，非夜中之景；「參差煙樹五湖東」，亦非月下所能見。而就句改句，不顧全詩，古來有是詩法乎。王士禛《論詩絕句》：「何因點竄澄江練，笑殺談詩謝茂秦」固非好輕詆矣。至所謂詩以一句爲主，落於某韻，意隨字生，豈必先立意云何，其語似高實謬，尤足誤人。是但爲流連山水，摹寫風月，閒適小詩言耳，不知發乎情，止乎禮義，感天地而動鬼神，固以言志爲本也。」謝榛論詩主悟，王士禛也主妙悟之說，二人本可相通。但謝榛論詩頗有狂傲之氣，至有妄改故人佳句者。在王士禛看來，謝榛本人實並未透悟詩道。因而儘管漁洋對其創作方面，尤其是律詩頗爲稱賞，但對其論詩則甚不以爲然。

二十七

來禽找子本神清，① 香茗才華未讓兄。②

徐庾文章建安作，③ 悔教書法掩詩名。④

注：

①邢侗（一五五一—一六一二），字子愿，山東臨邑人，萬歷二年（一五七四）進士，官至陝西行太僕寺少卿。錢謙益《列朝詩集小傳・邢少卿侗》：「子愿築來禽館，在古犁丘上，讀書識字，焚香掃地，不問家人生產。四方賓客造門，户屨恒滿。減產奉客，酒鎗簪珥，時時在質庫中。晚年書名益書，購請塡咽，碑版照四裔。……同里王尚書洽，集子愿書，刻《來禽館帖》。」又《四庫總目提要》：「侗以善書得名，當時有北邢南董（其昌）之目……所作（按指詩）大抵和平雅秀。王士禛《論詩絕句》亦有『來禽夫子本神清』之語，特骨幹未堅，不能自成一隊，文體則更近於澀矣。」（卷一七九，《來禽館集》條）

②啓沅注：「《香茗賦》，鮑令暉作，以擬馬邢卿慈淨。」鮑令暉，鮑照之妹。鍾嶸《詩品》評其詩云：「令暉歌詩，往往嶄絕清巧，擬古尤勝，唯《百愿》淫矣。照嘗答孝武云：『臣妹才自亞於左

芬，臣才不及太沖爾。』」漁洋此處以令暉擬邢慈淨。邢慈淨（又作慈靜），邢侗之妹。姜紹書《無聲詩史》卷五謂其「書體頗類子愿，而畫品清雅，作大士像及墨花，亦彤管之秀也。」《列朝詩集小傳·邢氏慈靜》謂其「善畫白描大士，書法酷似其兄。母萬愛慈靜甚，必欲字貴人。年二十八，始適武定人大同知府馬拯。有《芝室集帖》、《芝蘭室非非草》」。又陳其年《婦人集》云：「臨邑邢慈，子愿先生之妹。善畫觀音大士，莊嚴妙麗，用筆如玉臺膩發，春日游絲。」冒襄注云：「慈淨，適武定馬方伯。馬夫人雅工詩文，著有《非非草》、《蘭雪齋集》二種。錢宗伯選入《列朝詩集》者，非甚佳製也。從馬官黔中。馬卒於官，夫人扶柩還，塗中作《黔塗略》一書，文筆高古，有班惠姬之風。矛在萊海時，於劉幼孫先生家見夫人答劉一書，詞極雅健，又於張渤海見其研銘二首，亦皆有致。又工書，酷類太僕，刻有《之室集帖》。婦人筆墨見於金石者，房璘妻高而外，殆不多有。然高文詞不少見，則夫人兼長，爲尤難矣。」又吳騫《拜經樓詩話》卷二：「《芝蘭室集》，明邢慈靜著。才思敏贍，頗脱脂粉纖媚之氣。《靜坐》云：『百年身世水流東，萬古乾坤亦夢中。大道本空今始信，試從無象看源濛。』『天上吹簫事有眞，獨憐墮落幾千春。從今苦海翻筋斗，追訪秦臺弄月人。』《詠風》云：『響敲檐馬蝦須颭，花氣輕飄入户清。坐久博山香散去，一輪明月竹枝聲。』《紅指甲》云：『指如玉筍甲如銀，巧染鮮紅其可羡。閑拔瑤琴向繡窗，絲絃亂落桃花片。』《孤雁》云：『凌寒片影下龍荒，豈爲奔波覓稻粱？欲借秋風雙係帛，蘆花明月滿天霜。』慈靜爲太僕子愿女弟，書法酷似其兄。母萬夫人極愛憐之，必欲字貴人。後適大同守馬拯，年已二十八矣。觀慈靜諸作，其才華當在《香茗》之亞，竹垞（朱彝尊）《明詩綜》搜采極博，獨遺慈靜，不可解也。」

③李維楨《來禽館集序》云：「子愿文體沿六朝，而精鑿整潔，新奇充滿；出入秦漢，無六朝人強造不根誇多傷煩之病，詩自建安以至大曆撮諸名家勝場，非子才（北齊詩人邢邵）比也。」范景文《來禽館集序》云：「其爲文韻生於才，膚冒其骨，有子長之沉鬱，極長卿之絢麗，選徵刻羽，比事屬詞，即使鄒枚八公及子政父子未能或之先也。雖漱潤摭采，時亦體兼眾妙，而氣格遒上，直逼東西二京，本寧（李維楨）止以六朝相方，猶非通論矣。色光日煊，神理不磨，則眞六朝非豔六朝，眞兩漢非竄兩漢，上下古今，豈隨氣運降者哉。」

④史高先《來禽館集小引》云：「（邢侗）書法工諸體，章、懷、鍾、索、虞、米、楮、趙，規橅肖像，咄咄逼人。而其最會心慊意，尤在晉王，的是右軍後身，居然有龍跳虎臥之致。試取臨池妙墨，錯雜諸名帖中，不辨誰古。晚歲作蠅頭眞楷，遒媚如舞女低腰，仙人嘯樹。它擘窠大書，體勢洞精，奕奕生動，雄強如劍拔弩張，奇絕如危峰阻日，孤松單枝，而一種秀活，又如楊州王謝人共語，語便態出也。……先生能文能詩，能書能畫，蕞會諸長，擅絕兼品。」姜紹書《無聲詩史》卷四云：「（邢侗）臨池之學規摹二王，筆花娟潤，如時女步春，秀骨楚楚，可謂登山陰之堂，而襲其韶者矣。間寫文石，亦藝林片玉也。」朱彝尊《靜志居詩話》云：「子愿雖有詩名，爲書筆所掩。」

邢侗生於李攀龍、王世貞之後，與湯顯祖（一五五〇—一六一六）、胡應麟（一五五一—一六〇二）同時，當邢侗中進士時（一五七四），李攀龍已去世（一五七〇），王世貞正主持文壇，復古之風方興未艾。但同時一股反復古的暗流也正在形成。徐渭已對復古派表示不滿，其《葉子肅詩序》主張詩要自得，認爲模倣古人是「鳥之爲人言」。李贄（一五二七—一六〇二）《童心說》也對復古派提出了尖銳的批評。就連王世貞的弟弟王世懋（一五三六—一五八八）也對復古提出了疑議，轉而贊賞徐禎卿、高叔嗣，以爲「李、何尚有廢興，二君必無絕響。」（《藝圃擷餘》）

邢侗亦推尊盛唐。其《穀城山堂詩序》云：「夫有唐製作之業獨歸之詩。要之擅絕而洵難繼，則又獨歸開元、天寶之際而名盛唐。神龍以上詎乏宗工，而以沿習近代之餘，流波未泯，靡麗勝則嗛其爾雅，痕露態則失其穩票，是之爲初唐。彼盛之軼于初而初之不及盛，則時代人情之境會爲之也。」（《來禽館集》卷一）但邢侗對後七子摹擬古人頗有微詞，其《穀城山堂詩序》又云：「李何崛然並挺，力振孤學，猶之產神景而誇開元，懇疆竭蹷，以爲盛唐，而化鳩之眼，厥有微譏。江東（王世貞）歷下（李攀龍）據時全盛，流羨開元之座，即人士不無岐舌。」《四庫全書總目提要》云：「其序于慎行詩集（即《穀城山堂集》），謂李、何學唐爲化鳩之眼，而於太倉（王世貞）、歷下（李攀龍），並有微詞，蓋能不依七子門戶者。」（卷一七九「來禽館集」條）朱彝尊《靜志居詩話》云：「子愿……其言曰：詩盛於嘉隆七子，以爲盡詞人之變矣，然傚趨者高趾，促柱者急張，往往不病而呻吟，匪樂而強笑，江河日下。七子之盛，七子之衰也。蓋深中時流之弊。特其自撰不見脫穎耳。」

惟其見到復古模擬之弊，故其創作亦不循七子之蹊徑。其文出入秦漢，體沿六朝，與李攀龍「無一語作漢以後，亦無一字不出漢以前」（《藝苑巵言》卷七）不同，只是以唐宋派古文衡之，其用字、句法不免艱澀，不夠流暢，故《四庫全書總目提要》謂其文體近澀。邢侗詩李維楨稱其自建安以至大曆諸名家詩靡不學習，史高先《來禽館集小引》謂其「詩分科品率，嵋宅風騷，枕藉魏晉，以初爲祖，以盛爲禰，間沿厥中，絕不傍晚季口吻。」這已與嘉隆七子有異，在風格上其詩「和平雅秀（《四庫全書總目提要》）、「溫厚和雅，得風人之致」（《明詩百卅名家集鈔》卷二十二），更與七子不同，而在一定程度上有些近於高叔嗣、徐禎卿一派。王士禛稱其「徐庾文章建安作」，又稱其「神清」，不僅概括準確，也表明了王漁洋對他的推重與贊賞。

二十八

海雪畸人死抱琴，① 朱絃疏越有遺音。②
九疑淚竹娥皇廟，字字《離騷》屈宋心。③

注：

①啓浣注：「鄺露，南海人，抱琴而死。集名《海雪》，詩多在瀟湘、洞庭之間。」鄺露（一六〇四——一六五〇），字湛若。唐王在福州稱帝，爲中書舍人。清兵攻破廣州時，抱琴赴水而死。王士禛《池北偶談》云：「鄺露，字湛若，南海人，狂生也。負才不羈，常敝依趿履，行歌市上，旁若無人。順治初，王師入粵，生抱其所寶古琴，不食死。其詩名《嶠雅》。……少客金陵，遊阮大鋮之門，嘗爲阮序其集。」鄺露甚有異行，故漁洋謂之「畸人」。關於鄺露與阮大鋮的關係，全祖望《結琦亭集外編》稱「其少時，曾入阮大鋮之門。大鋮文集，湛若爲之序，稱門生焉。蓋湛若少時好聲樂，大鋮在留都，羅而致之也。非後來大節，則湛若幾不免爲人之徒，人所以貴晚詣也。」（卷三十一《跋鄺湛若嶠雅後》）又對於鄺露死，時人亦有不同說法。王士禛謂其不食死。汪琬則謂其投水死，《說鈴》云：「秀才字湛若，名未詳，爲粵中狂士。順治初，王師入粵，秀才抱平時所

寶之琴，投水而死。」而沈德潛《明詩別裁》則謂其「城陷爲兵所害」。据後人考証，當是赴水死。朱彝尊《靜志居詩話》曾談及鄺露之琴云：「又蓄二琴。一曰南風，宋理宗宮中物；一曰綠綺臺，唐武德年製，明康陵御前所彈也。出入必與二琴俱，廣州城破，湛若抱琴死。」（《明詩綜》卷七十五）

②《禮記・樂記》：「清廟之瑟，朱絃而疏越，一倡而三嘆，有遺音者矣。」按据《漁洋詩話》，王士禛聞鄺露之死，曾爲賦《抱琴歌》：「嶧陽之桐何胖胖，緯以五絃發清商，一彈再鼓儀鳳凰。鳳凰不來兮我心悲，抱琴而死兮當告誰？吁嗟琴兮當知之！」

③九疑，即九嶷山，又名蒼梧山，在湖南寧遠南，相傳虞即葬此處。据《列女傳》，唐堯有二女娥皇、女英，同嫁虞舜爲妃。後舜出巡，死於蒼梧，二人赶至南方，也死於江湘間。傳二人器舜之淚染竹成斑，稱「瀟湘竹」。按此句即啓浣注所謂「詩多在瀟湘、洞庭之間。」又鄺露爲詩頗得屈《騷》之旨，屈大均《廣東新語》謂其「爲詩，則憂天憫人，主文譎諫，若《七哀》、《述征》之篇，雖《小雅》之怨誹，《離騷》之忠愛，無以尚之」

鄺露詩深得騷體，王士禛《漁洋詩話》云：「粵東詩派，皆宗區海目（大相），而開其先路者，鄺露湛若也。……著《嶠雅》，有騷人之遺音。《人日登越王臺》云：『登臺試人日，此日謂宜人。日照高臺色，臺非故苑春。青山白雲路，綠水流花津。醉欲呼鸞去，遙遙方杜鄰。』《別人》云：『

露斜山峭峭，鐘斷水悠悠。草綠斑騅怨，花飛紅粉愁。如何雲夢月，不共漢江流？又送王孫去，淮南桂樹秋。』」漁洋所引兩首詩帶有很深的傷感情調，故沈德潛亦謂其詩「原本楚《騷》。」（《明詩別裁》卷十一）

我們在「襟懷澄澹推韋柳」一首箋中說過，柳宗元詩亦有受楚《騷》影響的一面，帶有排遣之意，因而漁洋以爲不如韋應物。這里鄺露也受屈《騷》影響，何以受到漁洋的高度贊揚呢？這乃是評價的角度不同。漁洋評柳詩主要著眼於藝術性一方面，而其評鄺露詩則著眼於其表現了忠君愛國之思一方面，故謂其「字字《離騷》屈宋心」。

清軍入關時，王士禛十一歲。目覩鼎革之際的大變，王士禛不可能沒有興亡之感。他的筆記中記載了不少死節的義士及入清不仕的隱士，并對其懷有崇敬之情。王士禛青年時代的馳名海內的《秋柳》詩就是寄予了很深的興亡之感的。當然王士禛入仕了清朝，并且做了很大的官，但據其《古懽錄自序》謂：「山人（漁洋自稱）少無宦情，雖在周行，時有滅景雲棲之志。幼讀《詩》至《蒹葭》，輒流連三復，掩卷旁皇久之。至《考槃》、《衡門》、《十畝》之間，未嘗不想見其人，冀將旦暮遇也。徒以祖父督課，從事科舉。弱冠從政，迴翔中外，忽焉四十年。夙昔之願，紆鬱未申，然未能須臾忘也。故所閱歷之地，如燕、趙、吳、楚、晉、秦、蜀、粵，凡名山大川，奇峰秀壑，至無不遊，遊必抉剔幽奧，以五七字寫之。康熙乙卯，山人官御史大夫，世號雄峻，山人居之澹然，其門蕭寂如退院僧。」王士禛言少無宦情，這并不奇怪，因爲當時有許多隱士，象漁洋的表兄弟徐夜就是隱士，儘管王士禛後來入仕，并且官位甚高，但其上述的心態仍然有天下鼎革留下的陰影。
鄺露是詩人，又是個節士，自然倍受王士禛的推重。

二十九

「澹雲微雨小姑祠，菊秀蘭衰八月時。」①
記得朝鮮使臣語，果然東國解聲詩。

注：

①啓浣注：「明崇禎時朝鮮使臣過登州作。」按「澹雲微雨小姑祠，菊秀蘭衰八月時」二句係朝鮮使臣金尚憲《登州次吳秀才韻》詩中語。《池北偶談》：「鄒平張尚書華東公（延登），刻朝鮮使臣金尚憲叔度《朝天錄》一卷，詩多佳句，略載於此。《曉發平島》云：『三秋海岸初賓雁，五夜天文一客星。』《初至登州》云：『南商北客簇沙頭，畫鷁青簾幾處舟。齊唱竹枝聯袂過，滿城明月似揚州。』《蓬萊閣》云：『橋石已從秦帝斷，星槎惟許漢臣通。』《登州次吳秀才韻》云：『澹雲微雨小姑祠，菊秀蘭衰八月時。』」

王士禛《漁洋詩話》云：「天啓中，朝鮮使臣金尚憲，字叔度，由登州入貢。鄒平張忠公定華東（延登）館之於家，刻其詩一卷，頗多佳句。如：『三秋海岸初賓雁，五夜天文一客星。』『澹雲微雨小姑祠，菊秀蘭衰八月時。」又，《過東方曼倩故里》云：『夜開宣至儼珠旒，執戟郎官走綠。首鼠轅駒俱琭琭，漢廷網紀一俳優』。《蛩春》云：『水際城邊野馬飛，漸聞宮漏晝間稀。東風日夜蘼蕪綠，塞北江南總憶歸。』『王灘流水繞江涯，江上松林是我家。昨日夢尋烏石路，山前山後蛩梅花。』余《論詩絕句》云：『澹雲微雨云云，記得朝鮮使臣語，果然東國解聲詩。』康熙己未，遣侍衛狼瞫、太學生孫致彌往朝鮮采詩。大抵律絕居什之九，古詩歌數行，略見梗概而已。」

二十九　澹雲微雨小姑祠　菊秀蘭衰八月時

三十

「溪水碧於前渡日，桃花紅是去年時」，①江南斷腸何人會，②只有崔郎七字詩。

注：

①崔華（一六三二—一六九三），字不凋，江蘇太倉人，順治十七年舉人，宗廷輔《古今論詩絕句》云：「不雕，爲先生庚子江南鄉試同考所取士。」王士禛《池北偶談》：「予門人崔華孝廉，字不凋，太倉之直塘人。性孤潔寡合，畫翎毛花卉甚工，尤工詩，清迥自異，吳梅村常目爲直塘一崔。其佳句云：『欹墻坐清晝，薄冷出蘋間。』又『一寺千松內，飛泉屋上行。』又『此中枕簟客初到，半夜梧桐風起時。』又『丹楓江冷人初去，黃葉聲多酒不辭。』吳人目爲『崔黃葉』云。予《論詩絕句》云：『溪水碧於前渡日，桃花紅是去年時。江南腸斷何人會？只有崔郎七字詩。』二句，亦崔詩也。」又《香祖筆記》：「唐《國史補》謂『漠漠水田飛白鷺，陰陰夏木轉黃鸝』，乃右丞竊取李嘉祐語，論者或爲王諱，以爲增『漠漠』四字，便是點鐵成金手段，此亦囈語。然此事往往有之。予門人太倉崔舉人華，字不雕，貧而工詩。嘗有句云：『溪水碧於前渡日，桃花紅似去年時。』予在

廣陵作《論詩絕句》四十首，舉此二句云：『江南斷腸何人會，只有崔郎七字詩。』後汪鈍翁在京師，亦有句云：『溪水碧於前渡日，桃花紅似去年人。』謂非取崔華前語乎？汪於崔亦前輩也。」

②黃庭堅《寄賀方回》：「少游醉臥古藤下，誰與愁眉唱一杯？解作江南斷腸句，只今唯有賀方回。」

按王漁洋稱崔華「詩尤清異出塵」，甚喜之，將其詩收入所編《感舊集》。法式善《陶廬雜錄》云：「華，漁洋山人分校所取士。詩清拔絕俗，爲山人所稱許。」鄧之誠《清詩紀事初編》：「華詩出筆即秀，至老不衰。惜多牽強應酬之作，不足以見性靈。古體殊有筆杖，似勝律絕。」（卷二）

三十一

曾聽巴渝里社詞，三閭哀怨此中遺。①
詩情合在空舲峽，冷鴈哀猿和竹枝。②

注：

①巴，古地名，主要指今川東、鄂西一帶。渝，古渝州，在今四川重慶一帶。里社，里中供奉土地神之處。《史記．封禪書》：「民里社，各自財以祠。」陳立《白虎通疏証》云：凡民間所私立之社，皆稱里社。里社詞，金榮以爲指竹枝歌，其注引《杜詩舊注》云：「竹枝歌，巴渝之遺音。」《東坡詩話》卷中：「竹枝歌，本楚聲。幽怨惻怛，若有所深悲者。豈亦往者之所見有足怨者與。夫傷二妃而哀屈原，思懷王而憐項羽，亦楚人之意相傳而然者，且其山川風俗，鄙野勤苦之態，固已見於前人之作與。」故下句云「三閭哀怨此中遺」，謂竹枝中有屈原哀怨之遺音。

②詩情，《宣和畫譜》：「（胡擢）博學能詩，……嘗謂其弟曰：吾詩思若在三峽之間聞猿聲時。」空舲峽，《水經注》云：「（江水自建平）至東界峽，盛弘之謂之空冷峽。峽甚高峻，即宜都、建平二郡界也。」王士禛《分甘餘話》：「唐鄭綮云：詩思在灞橋驢子背上。胡擢云：吾詩思若在三峽聞猿聲時也。余少作《論詩絕句》，其一云：『詩情合在空舲峽，冷雁哀猿和竹枝。』用擢語也。後

壬子秋典蜀試，歸舟下三峽，夜泊空舲，月下聞猿聲，忽悟前詩，乃知事皆前定。」

金榮《漁洋山人精華錄箋注》云：「先生自順治庚子（十七年，一六六〇）爲揚州節推，康熙甲辰（康熙三年，一六六四）移主客，至乙巳（康熙四年，一六六五）去任。《論詩絕句》作於癸卯（康熙二年，一六六三）歲。考揚州戰國時屬楚。《貨殖傳》：廣陵爲東楚。後一首所謂『三年留滯楚江隈』者，此也。合觀先生《分甘餘話》，則此二詩殆其自謂與。」《四庫全書總目》：「士禛談詩，大抵源出嚴羽，以神韻爲宗。其在揚州作《論詩絕句》三十首，前二十八首皆品藻古人，末二首爲士禛自述，其一曰：『曾聽巴渝里社詞，三閭哀怨此中遺，詩情合在空舲峽，冷鴈哀猿和竹枝。』平生大指，具在是矣。」（卷一七三，「精華錄」條）

這首詩的中心意旨即是說詩人的詩情乃是得之於自然之感發。《漁洋詩話》曰：「蕭子顯云：『登高極目，臨水送歸；蚤雁初鶯，花開葉落。有來斯應，每不能已；須其自來，不以力搆。』王士源序孟浩然詩云：『每有製作，佇興而就。』余平生服膺此言。」這有兩層意思，其一是說詩人的詩情有得於自然界景物的感發，這就決定了王士禛詩歌創作大部分是歌詠山水的即景之作；其二是說詩人的創作每每來自於主體的感興即靈感，是即興之作，整個創作過程自然而然，而無人爲造作之處。這一點王士禛雖未做到，但每力主之（參見第二首）。

主張即景即興，並非不要主體的情感，漁洋詩謂曾聽竹枝歌，分明已聽出屈原哀怨之遺音，而其自己「冷鴈哀猿和竹枝」，也是已含有凄楚哀怨之情在其中的。

情和景通過感興的統一，這是王士禛神韻說的基本內涵之一。生活在現實當中，人的情感總和社會生活有著緊密的聯繫，同時與人的思想也密切相關。王士禛並不否認這些聯繫的存在，他在《論詩絕句》中肯定元結、《谷音》及鄺露的作品，其前提就是肯定這種聯繫的存在，王士禛最著名的《秋柳詩》實也富有深深的興亡之感的。但是，王士禛反對把這種聯繫直接地在詩中說出來，而主張「不著一字，盡得風流。」情感總是有內容的，總是有所喜而喜，有所哀而哀。但要表現這些情感可以有不同的方式。人們可以寫出引起這些情感的事件，寫出主體對這些事件的思想上的認識及情感上的態度。杜甫的「三吏」、「三別」就屬於這類作品。除了這種表現方式之外，人們也可以采取另一種表現方式：即把與主體情感相關的現實內容及主體的思想內容隱去，不在作品裏寫出，而只寫主體的情感反應，讓讀者根据已寫出的東西去體味未寫出的內容。情感總是要有一個附著物才能具體展現出來供人觀照的，隱去了其對現實內容及主體思想附著關係，要在詩歌中展現這種情感就必須通過景物來表現了。自然在人類的實踐過程已經被「人化」了，具有了審美價值。衆多的自然事物早已成爲具有象徵意味的審美意象。如柳作爲審美意象一般是與離別、思念相關，常帶有感傷的色彩。在創作中，主體正是通過這些審美意象表現自己的情感。在這一類詩中，主體雖未直接敘述情感的內容，但讀者從已經著上了作者情感色彩的審美意象中就能體味出作者的思想感情來。這就是所謂「不著一字，盡得風流」。由此，神韻詩就題材而言當主要是指山水田園詩。漁洋謂「詩情合在空舲峽」，正道出了他自己詩歌創作的秘密，他最成功的作品就是那些山水小詩。

三十二

九歲詩名銅雀臺，①　三年留滯楚江隈。②
不如解唱《黃麞》者，③　新自王戎墓下來。④

注：

①《三國志·魏志·陳思王植傳》：「（植）年十歲餘，善屬文，……時鄴銅爵臺新成，太祖悉將諸子登臺，使各爲賦，植援筆立成。」又惠棟注引陳繼儒《書畫史》：「韋君平十一歲賦銅雀詩，李白大駭，授以古樂府之學。」以上皆早慧。盛符昇《題雍益集總述》云：「先生八歲能詩，伯氏西樵授以裴、王詩法。」漁洋《蠶尾續文》云：「予兄弟少讀書東堂，……人跡罕至，苔蘚被階，紙窗竹屋，燈火相映，咿唔之聲相聞，如是者蓋十年。長兄考功先生（王士祿）嗜爲詩，故予兄弟皆好爲詩。嘗歲莫大雪，夜集堂中置酒，酒半出王（維）裴（迪）《輞川集》，約共和之，每一詩成，輒互賞激彈射，詩成酒盡而雪不止。」又《居易錄》云：「予幼入家塾，肄業之暇，即私取《文選》、唐詩洛誦之；久之學爲五七字韻語，先祖方伯府君、先嚴祭酒府君知之弗禁也。時先長兄考功始爲諸生，嗜爲詩，見予詩甚喜，取劉須陽先生所編《唐詩宿》中王、孟、常建、王昌齡、劉

昚虛、韋應物、柳宗元數家詩，使手鈔之。十五歲有詩一卷，曰《落箋堂初稿》，兄序而刻之。」按《落箋堂初稿》惠棟時已佚，據惠氏猜測，「中當有銅雀臺詩，爲人所稱誦也。」惠棟之言未必可信，此句用典只是言其早歲即能詩耳。漁洋八歲時能詩，而此云九歲，金榮注云：「此云九歲，則次年已擅詩名也。」

②惠棟《漁洋山人精華錄訓纂》：「先生官揚州司李，揚州爲東楚，故曰楚江。」按：漁洋順治十七年赴任揚州，順治十八年，康熙元年、二年在揚州任，而於康熙三年十月內遷禮部主客司主事，故有三年留滯云云。

③黃轝，《新唐書·五行志》：「如意初，里中歌曰：『黃轝黃轝草里藏，彎弓射爾傷。』其後王孝傑敗於黃轝谷。惠棟注云：「契丹李盡中、孫萬榮叛，陷營州，則天令總管曹仁師、王孝傑等將兵百萬討之，大敗於峽石黃轝谷而死。朝廷嘉其忠，爲造此曲。」尤袤《全唐詩話》：「『令乘驄馬去，丞脫繡衣來』。仁獎送上蔡令潘好禮拜御史詩也。或疑其假手。蓋仁獎在王戎墓側，善歌《黃轝》。景龍中，負薪詣闕云：助國調鼎，即除臺官。中書令姚崇曰：『此是《黃轝》邪？』授以當州一尉，惟以《黃轝》自衒。宋務光嘲之曰：『趙仁獎出王戎墓下，入朱博臺中。』舍彼負薪，登茲列柏，行人不避驄馬，坐客惟聽《黃轝》。忽一人負兩束薪，曰：『此合拜殿中。』人問其由，曰：『趙以一束拜監察，此兩束合授殿中。』」（卷一）

④惠棟注引《樂史·寰宇記》：「王戎墓，在洛陽縣殖業坊，高四丈。故老傳云：隋大業遷都之始，

人爲酒窖，得銘云：『晉司徒尚書令安豐元公王君之墓銘。』」王戎（二三四—三〇五），字濬沖，西晉琅邪臨沂（今屬山東）人，善清談，爲「竹林七賢」之一。

惠棟《精華錄訓纂》云：「先生是詩，蓋爲當時直指而作，乃漫興之詩也。」翁方綱《復初齋漁洋詩評》云：「聞是刺一巡府而作，此詩注家所不能知。先生即無自注，則不必曲爲推尋矣。」金榮、惠棟二注及《四庫全書總目提要》都謂漁洋自道。此詩具體所指雖不可考知，但此詩確是表現漁洋對世事的感慨。計東《甫里集》卷一《王阮亭先生壬寅以來詩序》云：「蓋壬寅以前，先生即不獲官禁，近列清華，然出佐大郡，曉習吏事，縱非性所好，而意氣不稍挫，其詩典麗而高華，如其所自敘也。壬寅以後，鬱鬱久居，外既勞苦不自得，又中更司勛兄急難，先生至性激發，每蔬食悴容，愁嘆嗚咽，故其詩崎嶔磊砢，多一往纏綿之致。既而司勛晚然無恙，先生入官容臺……」壬寅乃康熙元年（一六六二），是年王士禛二十九歲，所謂司勛兄急難，指王士祿因事受牽連入獄，事在康熙甲辰（三年），則計東序中「壬寅以後」一段所言即是指康熙元年至康熙三年一段時間，在這一段時間中計東指出了決定王士禛這期間詩歌風格特徵的兩個事實，其一是「鬱鬱久居」，「勞苦不自得」，其二是王士祿之受累入獄。王士禛《論詩絕句》作於康熙二年，王士祿之事當然與之無關，而王漁洋這一時期的鬱鬱久居，勞苦不自得之意卻在《論詩絕句》中流露了出來。

「九歲詩名銅雀臺」句，作者以曹植自比，謂早慧，而句中實含有對自己才華的自許。「三年留滯楚江隈」，句中「留滯」二字細玩味之，頗帶有一些牢騷不滿的味道。與計東所云「鬱鬱久居」「勞苦不自得」正相符合。「不如解唱《黃麞》者，新自王戎墓下來」二句與上兩句形成對照，其牢騷不平之氣益加明顯了。

附一《精華録》所刪論詩絕句三首

一

京兆風情粉黛叢，鬢絲晚惜落花風。①
湖州箋記揚州夢，②綺語翻教詆白公。③

注：

①杜牧（八〇三—八五二），字牧之，京兆萬年（今陝西西安）人。官終中書舍人。此二句言杜牧年輕放浪恣縱，晚而有身世廖落之感。孟棨《本事詩》：「杜爲御史，分務洛陽時，李司徒罷鎮閑居，聲伎豪華，爲當時第一。洛中名士咸謁見之。李乃大開筵席，當時朝客高流，無不臻赴。以杜持憲，不敢邀置。杜遣座客達意，願與斯會。李不得已，馳書。方對花獨酌，亦已酣暢，聞命遽來。時會中已飲酒，女奴百餘人，皆絕藝殊色。杜獨坐南行，瞪目注視，引滿三卮，問李云：『聞有紫雲者，孰是？』李指示之。杜凝睇良久，曰：『名不虛得，願以見惠。』李俯而笑，諸妓亦皆迴首破顏。杜又自飲三爵，朗吟而起曰：『華堂今日綺筵開，誰喚分司御史來？忽發狂言驚滿座，兩行紅粉一時

迴。」意氣閑逸，傍若無人。杜登科後，狎遊飲酒，爲詩曰：『落拓江湖載酒行，楚腰纖細掌中情。三年（按：一作十年）一覺揚州夢，贏得青樓薄倖名』。後又題詩曰：『桄船一棹百分空，十載青春不負公。今日鬢絲禪榻畔，茶煙輕颺落花風。』」

②杜牧爲其弟病，曾上書求爲湖州刺史，有《上宰相求湖州》三啓。揚州夢，用杜牧「十年一覺揚州夢」句，見注①。

③杜牧《樊川文集》卷九《唐故平盧軍節度巡官隴西李府君墓志銘》謂李戡「所著文數百篇，外於仁義，一不關筆。嘗曰：詩者可以歌，可以流於竹，鼓於絲，婦人小兒皆欲諷誦。國俗薄厚扇之於詩，如風之疾速。嘗痛自元和以來，有元、白詩者，纖豔不逞，非莊士雅人多爲其所破壞，流於民間，疏於屏壁，子父女母，交口教授。淫言媟語，冬寒夏熱，入人肌骨，不可除去。吾無位，不得用法以治之，欲使後代知有發憤者，因集國朝以來類於古詩得若干首，編爲三卷，目爲《唐詩》，爲序以導其志。」

杜牧《樊川文集》卷十三《答莊充書》：「凡爲文以意爲主，氣爲輔，以辭彩章句爲之兵衛。……

……苟意不先立，止以文彩辭句繞前捧後，是言愈多而理愈亂，如入闤闠，紛紛然莫知其誰，暮散而已。是以意全勝者，辭愈朴而文愈高；意不勝者，辭愈華而文愈鄙。是意能遣辭，辭不能成意。大抵爲文之旨如此。」又《樊川文集》卷十六《獻詩啓》：「某苦心爲詩，本求高絕，不務奇麗，不涉習俗，不今不古，處於中間。」

《四庫全書總目提要》：「牧詩冶蕩甚於元白，其風骨則實出元白上。其古文縱橫奧衍，多切經世之務。……觀其集中有讀韓杜集詩，又《冬至日寄小姪阿宜》詩曰：『經書刮根本，史書閱興亡。高摘屈宋豔，濃薰班馬香。李杜泛浩浩，韓柳摩蒼蒼。近者四君子，與古爭強梁』。則牧於文章具有本末，宜其睥睨長慶體矣。」

二

李杜光芒萬丈長，昌黎《石鼓》氣堂堂。①
吳萊蘇軾登廊廡，②緩步崆峒獨擅場。③

注：

①韓愈《石鼓歌》有句云：「張生手持石鼓文，勸我試作石鼓歌。少陵無人謫仙死，才薄將奈石鼓何。」賀裳《載酒園詩話又編》云：「七言古最見筆力，中唐名家，亦多緩弱。惟韓退之有項羽救鉅鹿，呼聲動天，諸侯莫敢仰視之概，……韓詩至《石鼓歌》而才情縱恣已極。」

②吳萊，元詩人。王士禛《七言詩凡例》：「元詩靡弱，自虞伯生而外，惟吳立夫長句，瑰瑋有奇氣。」詳見《論詩絕句》第十六首注。蘇軾，王士禛《漁洋詩話》：「七言歌行，至子美、子瞻二公，無

以加矣。」《七言詩凡例》云：「杜七言千古標準，自錢、劉、元、白以來，無能步超者。貞元、元和間，學杜者唯韓文公一人耳。」

③崆峒，李夢陽，見《論詩絕句》第十七首注。

翁方綱《石洲詩話》卷八：「此首爲《精華錄》所刪，然全集有之。恐讀者惑之，不可不辨也：即以韓《石鼓歌》接李、杜光燄，顧何以吳立夫繼之？且以吳居蘇前，可乎？且以李空同繼之，可乎？此則必不可以示後學者矣。」

宗廷輔《古今論詩絕句》：「竟躋崆峒於古大家之列，此自先生少時之見。晚年已悟其非。故其撰《精華錄》，削去此首。」

三

詩好官卑顧九華，①　梁鴻溪畔弔殘霞。②
鍾嶸去後殷璠死，③　玉鹿風流自一家。④

注：

①光緒辛巳刻《無錫金匱縣志》卷二十二《文苑傳》：「顧起綸，字元言，起經（顧起經）弟。爲從

父可賢後可學挈之京師。代爲祝釐應制之文，多當上意，以國子生授雲南某衛經歷。有宦挾數緹騎，以餉司禮指，求金於黔國，所過橫甚，手批殺驛卒。起綸辨非是，迺遁去。遷鬱林州同知。援據葛洪包漏事，以正大司農檄徵丹砂之誤。既歸，有別墅在惠山寺，塘涇富泉石。豪於文酒，好讀書，工古文辭，善書法。在滇與楊愼、皇甫汸相倡和，輯明諸家詩名《國雅》。」按《中國人名大辭典》謂顧起綸「字更生、號元言」。又丁福保《歷代詩話續編》謂「起綸字玄言，號九華，無錫人。著《昆明集》，楊愼皇甫汸爲之序。又輯明詩曰《國雅》，王漁洋詩云『詩好官卑顧九華』是也。」

②梁鴻溪，在今江蘇無錫。餘不詳。

③鍾嶸有《詩品》，殷璠有《河岳英靈集》。二選俱爲漁洋稱道。

④啓浣注：「顧起綸，號九華山人。撰《國雅》。所居惠山別墅，曰玉鹿玄丘，即鄒氏愚公谷。」按漁洋此句甚稱其《國雅》。《四庫全書總目》云：「是編選明諸家之詩，上起洪武，下迄隆慶。首列品目一卷，仿鍾嶸《詩品》、殷璠《河岳英靈集》、高仲武《中興間氣集》例。但《詩品》不載詩，此則載詩。《英靈》《間氣》二集，分列諸家姓名下，此則總冠卷首耳。所錄詩篇，採摭頗富，然起綸當嘉、隆之際，本倉歷下聲價方高，故惟奉《藝苑卮言》爲圭臬。持論似乎精詣，而錄詩多雜庸音。又聲氣交通，轉相標榜。其入品者，洪武至正德僅七十九人，嘉隆兩朝乃至五十二人，而附見名姓者尚不在其數。大抵與起綸攀援唱和、有瓜葛者居多。卷末附書牘二十篇，皆答徵詩、謝入選者，其大略可覩矣。」

附二　王士禛《冬日讀唐宋金元諸家詩，偶有所感，各題一絕於卷後，凡七首》

一

元和碑板照千春，孔鼎湯盤跡未湮。
今古才人困箕口，祇應牛斗不能神。（自注：退之）

二

星宿羅胸氣吐虹，屈蟠兵策畫山東。
黨牛怨李君何與，青史千秋有至公。（牧之）

三

慶曆文章宰相才，晚為孟博亦堪哀。
淋漓大筆千年在，字字華嚴法界來。（子瞻）

四

一代名士孰主賓，中間坡谷兩嶙峋。
瓣香只下涪翁拜，宗派江西第幾人。（魯直）

五

射虎南山雪打圍，狂來醉墨染弓衣。
函關渭水何曾到，頭白東吳萬里歸。（務觀）

六

載酒西園追昔遊，畫欄桂樹古今愁。
蘭成剩有江南賦，落日青山望蔡州。（裕之）

七

漢廷老吏果無慚，揭後揭前總未堪。
受詠君詩當招隱，青山一發是江南。（伯生）

後記

本書的寫作起於一九八九年下半年，斷斷續續花了近一年時間。首先感謝我的導師張少康先生。我於一九八六年考入先生的門下讀研究生，三年間，先生耳提面命，諄諄教誨，使我終生受益；本書的寫作自始至終也都得到先生的具體指導。師生之情，良難言述。本書在寫作過程中，曾得到陳師貽焮先生的指教；初稿完成後，承陳師熙中先生審閱，多所匡正，在此表示衷心的感謝。

一九九〇年初春，我有幸拜見仰慕已久的臺灣師大教授王更生先生，此後得以多次親向先生請教，獲益良多。今又蒙先生爲小書賜序，獎掖之恩，永誌不忘。本書得以在夙以出版學術著作著稱的文史哲出版社出版，多仗彭正雄社長的支持，深表謝忱。

由於著者才識所限，本書錯漏之處定所不免，渴望得到專家同行的指正。

張　健　於北京大學